88만원의 함정을 뛰어넘는 법

이기는 청춘

88만원의 함정을 뛰어넘는 법

이기는 청춘

정병석 지음

21세기북스

머리말

김 군은 화요일마다 나를 찾아왔다. 나와 김 군이 처음으로 같이 읽고 토론한 책이 미치 앨봄의 《모리와 함께한 화요일》이었고, 이를 계기로 자연스럽게 매주 화요일에 만나 대화를 나누는 식의 멘토링을 하게 된 것이다. 김 군은 내 친구의 아들로서 서울의 명문 사립대 정치학과를 졸업하고 대학원 진학을 준비하는 중에 나와 만나게 되었다. 그 친구는 나의 한양대학교 경제학 세미나 이야기를 매우 관심 있게 듣고 자기 아들에게도 그러한 방식으로 멘토링을 해달라고 요청했다.

김 군은 첫 만남 이후 나와 지속적으로 대화하기를 원했다. 그래서 아예 대학교의 16주 한 학기 과정 같은 맞춤형 세미나 프로그램을 만들어 지도하게 됐다. 화요일마다 김 군은 우리가 미리 협의하여 정한 책을 읽고서 써온 보고서를 발표하고 나와 토론했다. 김 군은 나와 1대 1로 만나 각종 주제에 대해 토론하면서 잠재된 자기 역량을 개발하고 경쟁력을 강화하는 훈련을 했다. 지금도 가끔 김 군과 만나 여러 가지 주제에 대해 토론을 한다.

요즘 대학생들은 취업에 대한 부담, 직장의 선택, 미래의 불확실성 등으로 황금 같은 대학 시절을 고민에 휩싸인 채 힘들게 살아간다. 이른바 '스펙 쌓기'에 전력투구해 보지만 미래에 대한 불안감은 좀처럼 해소되지 않는다. 스펙이 좋아도 마음먹은 직장을 얻는 것은 어렵고 성공이 보장되는 것도 아니다. 그런 반면 기업에서는 '쓸 만한 인재'가 없다며 인재난을 호소한다. 시장에 사람이 넘쳐나는데도 정작 쓸 만한 사람은 없다며 해외까지 나가 인재 확보를 위한 전쟁을 한다. 이러한 모순을 어떻게 해결해야 할까? 직장을 구하려는 청년들이 '쓸 만한 인재', 즉 경쟁력이 있는 사람이 되면 될 터인데 쓸 만하다는 기준이 무엇인지, 어떻게 해야 경쟁력을 갖추게 되는 것인지 확실하지 않다. 자신을 객관화해서 스스로에게 물어보자.

- 나는 과연 쓸 만한 인재인가?
- 내가 사장이라면 나를 최우선적으로 채용할까?
- 나의 경쟁력은 무엇인가?

이런 질문에 답할 준비가 되어 있는 학생들이 그리 많은 것 같지는 않다. '나의 경쟁력'에 대해서 잘 모르고 그런 관점에서 바라본 경험이 별로 없기 때문일 것이다. 청년들의 고민을 누구도 속 시원히 해결해 주기는 어렵다. 내 아들, 내 학생들의 고민인데도 해결해 주기는 쉽지 않다.

돌이켜 보면 나의 30여 년 경력은 사람의 경쟁력에 관한 일로 집약될 수 있다. 나는 1970년대 후반에 노동부(지금의 고용노동부)에서 공직 생활을 시작하며 사람(노동)에 관한 행정과 정책을 담당해 왔다. 또한 노동경제학을 공부하며 경제 활동에서 노동력(사람)의 역할을 지속적으로 연구해 왔다. 결국, 내 오랜 경험과 관심사는 대부분 인적 자원의 개발과 사람의 경쟁력 향상과 관련된 것이었다.

한양대학교에서 경제학 강의를 맡게 되면서 나는 다시 학생 개개인의 경쟁력 강화를 위한 프로그램을 경제학 강의와 연계해야 한다고 생각하게 됐다. 경제학 세미나의 목표를 '경제학도의 사회적 경쟁력 강화'로 정해서 운영했더니 학생들의 반응도 좋았고 실제 그들의 경쟁력이 향상되는 것을 직접 목격하게 됐다. 그래서 내 수업을 듣지 않는 청년들에게도 멘토링하는 마음으로 인적 자원 개발과 경쟁력 향상이라는 주제로 내 경험을 공유하고자 이 책을 쓰기로 한 것이다.

그렇다면 어떻게 나의 경쟁력을 키울 것인가? 일본 교세라 창업자인 이나모리 회장은 사람의 경쟁력을 "사람의 역량=능력×열의×사고방식"으로 표현한다. 여기에서 '능력'은 직무에 필요한 지식과 기술로 대표되는 이른바 하드 스킬 능력을 의미한다. 지식과 기술의 하드 스킬 능력은 학교에서 배우기도 하고 직장 생활을 통해 지속적인 교육훈련을 받으면서 발전시키게 된다. 그렇다면 '열의와 사고방식'은 어디에서 배우는가?

열의와 사고방식을 포함해 성격, 자질, 자세, 리더십, 발표력, 커뮤니케이션 능력 등을 소프트 스킬이라 하는데, 사람의 능력을 제대로 발휘하게 하는 촉매, 매개체, 수단 같은 역할을 한다. 소프트 스킬은 일부 타고난 것이기도 하지만 적절한 학습과 노력에 따라 얼마든지 발전시킬 수 있는 것이다.

또 다른 문제는 그렇게 경쟁력을 키워 놓으면 사회에서 알아주는가, 실제로 이를 활용할 기회가 주어질까 하는 고민이다. 나는 이 문제에 대해 청년들과 토론을 많이 했다.

나라마다 고용 없는 성장 문제로 고민하는데 어디에서 일자리를 만드는가? 토머스 프리드먼의 말대로 세계는 평평하다. 나라 간의 국경이 거의 없는 경쟁 시대이다. 경쟁력 있는 기업이 많은 나라로 일자리가 옮겨 가고 그렇지 못한 나라의 고용은 줄어든다. 우리나라 사람의 글로벌 경쟁력이 늘어나면 우리나라에서 고용이 늘어나는 것이다. 이것이 글로벌 경쟁이다.

경쟁력 있는 사람, 즉 인재를 가진 기업은 기업 자체의 경쟁력이 커진다. 그래서 그 회사가 성장하고 규모가 커짐에 따라 고용을 늘리게 된다. 또 어느 지역에 유능한 인재가 많으면 그들을 활용할 기업이 많이 들어오고 새로운 기업도 생길 것이다.

개인이 경쟁력을 키우면 회사 내에서 자기의 지위가 향상될 뿐만 아니라 기업을 성장시켜 다른 사람을 위한 일자리도 만들게 된다. 즉 글로벌 경제, 지식사회에서는 사람이 기업 경쟁력의 핵심이 되었고, 그중에서도 경쟁력 있는 사람에겐 성공의 기회가 더 많이 주어진다. 자본주의 경쟁 사회의 속성상 자아실현을 위해서는 경쟁력 있는 사람, 즉 인재가 되는 길이 최선이다. 이런 관점에서 바라본다면 사회에서 자신이 원하는 목표를 성취하기 위해 가장 중요한 것은 역시 경쟁력 강화이다. 제조업인가, 서비스업인가는 다음 단계의 문제이다. 대기업이냐 중소기업이냐의 문제도 또 다른 관점에서 접근해야 한다. 경쟁력이 있다면 제조업이나 서비스업이나 어디에서도 역량을 발휘할 수 있고 중소기업은 그런 면에서 더욱 많은 기회를 제공한다.

이 책은 한양대학교 학생들을 포함한 여러 청년들과의 토론을 토대로 쓴 것이다. 대부분의 주제가 많은 청년들과 함께 가슴을 열고 진지하게 토론했던 것들이다. 여기에 나의 주장을 뒷받침할 여러 성공사례들을 추가하고 문헌을 인용했다.

앞서 얘기했듯이 나의 경험과 아이디어를 많은 사람과 공유하자는 것이 이 책을 쓰게 된 배경이다. 특히 내가 가르치는 학생 이외의 젊은 청년들과는 직접 대면하여 세미나를 하거나 대화할 기회가 없기 때문에 책을 통해 나의 경험과 의견을 전해 멘토 역할을 해보려는 것이다. 나는 실제 몇몇 청년들을 개별적으로 만나 멘토링을 하면서 그들과 긴밀히 대화를 하면 할수록 내 경험이 많은 청년들에게 실질적인 도움이 되고 있다는 것을 확신했다. 그래서 더욱 내 생각을 굳히고 책을 써야 할 필요성을 절감했다.

이 책의 구성은 다음과 같다.

PART 1에서는 미완의 청춘에게 가장 필요한 것, 즉 나의 경쟁력이 무엇이며 왜 중요한가를 살펴본다.

PART 2에서는 청춘에게 꼭 필요한 훈련으로 대학에서 경쟁력을 강화하는 프로그램을 만들어 직접 운용해 보는 시도를 한다.

PART 3는 학교 졸업 후 사회라는 정글에서 도약하는 방법을 다룬다. 먼저 사람을 중시하는 회사를 찾아 가서 경쟁력을 키우고, 사회에서 다양한 능력개발 프로그램을 활용하여 자신의 경쟁력을 강화하는 방안을 제시한다.

PART 4는 꿈이 이루어지는 다양한 공간을 논의한다. 제조업과 서비스 산업 그리고 중소기업과 창업에서 기회를 찾아볼 것을 제안

할 것이다. 또한 유연한 고용, 해외에서의 기회, 고령화에 따른 기회 등을 활용하여 이를 미래로 향한 도약의 디딤돌로 삼는 방안을 논의한다.

이 책은 20~30대 청년들을 주 대상으로 취업을 위한 준비와 인생에서의 성공 문제에 대한 관심사를 멘토링하는 방식으로 전개된다. 청년들이 품은 구체적인 고민 사항을 제기하고 이에 대한 전문가의 상세한 견해와 국내외 사례, 나의 경험을 제시하며 토론할 계획이다. 특별한 재능을 가진 일부가 아니라 '보통의 청년' 들이 누구라도 마음먹고 실천하면 가능하다는 것을 보여주려 한다. 일반 청년들을 대상으로 기획했기에 이론적인 서술보다는 사례 중심의 평이한 대화 방식으로 풀어갈 것이다.

이 책을 쓰는 데에는 많은 사람들의 도움이 있었다. 우선 한양대학교 학생들과 서두에서 말한 김 군과의 토론은 이 책의 직접적인 집필 동기와 토대를 제공했다. 바쁜 직장 생활 중에 이 책의 초고를 읽고 유익한 코멘트를 해준 경제학 세미나 참석자 유경준, 이대성, 이창현, 형민준 군 등 청년들에게 감사한다. 이 책의 기획과 집필 전 과정에 걸쳐 자문해 준 시민방송 R-TV의 김영철 대표에게 감사하고 싶다. 한양대학교 교육학과의 정진곤 교수, 이원덕 전 한국노동연구원장 · 직업능력개발원장, 노동부의 노민기 전 차관도 원고를 읽고 여러 의견을 제시했다. 이분들에게 깊은 감사의 뜻을 전한다.

2011년 10월 정병석

차례

PART 1

미완의 청춘에게 가장 필요한 것

01

당신의 생존 확률은
생각보다 낮다

■ ■ ■

경쟁력은 생사를 가름한다

하버드대학교의 잘나가던 교수가 갑자기 심근경색으로 쓰러진다. 긴급 심장 수술을 하는 와중에 생사의 갈림길에서 교수는 하느님께 살려달라고 애원한다. 이때 하느님이 질문한다.

"왜 내가 자네를 꼭 살려줘야 하는데?"

교수는 황급하게 답변한다.

"전, 착하게 살아왔잖습니까?"

하느님 왈,

"그래서? 그 정도의 사람은 많은데……."

"전 하버드대학 교수로 학생들을 열심히 가르쳤는데요."

"그래서? 난 세상 모든 사람들에게 공정해야 하는데, 많고 많은 사람

중에서 특히 자네를 꼭 살려야 할 특별한 이유가 뭔데?"

하느님이 재차 반문하자 교수는 난감해 한다. 다른 사람이 아니라 자신이 꼭 살아야 할 특별한 이유가 뭔지 생각해 보다 더듬거리며 입을 연다.

"음, 제가 인생을 사랑하고 다른 사람도 존중했으며 동물도 보호하고 신앙생활도 열심히 해 왔으며……."

위 상황은 밥 미첼의 소설 《천국에서의 골프》 속 한 장면이다. 만약 여러분이 이 교수의 상황에 처해 있다면 하느님 앞에 내세울 자신만의 특별한 이유는 무엇인가? 그리고, 많은 사람 중에서 자신을 살릴 수 있는 경쟁력은 있는가?

요즘은 누구나 취업 문제로 '전쟁'을 치르고 있다. 그런데 사람을 채용해야 하는 기업에서는 쓸 만한 인재가 없다고 불평한다. 여러분이 하느님께 항의한다.

"왜 저에게 취업 기회를 안 주십니까?"

하느님이 반문한다.

"자네를 다른 사람보다 더 우선적으로 취업시켜야 할 이유가 뭔데?"

여러분은 무어라고 답변할 것인가?

"일류 대학을 나왔는데요."

"대학 평점이 올 A인데요."

"토익 900점을 넘는데요."

"리더십 경험, 봉사 활동 실적이 많은데요."

이런 식으로 대답하면 하느님이 수긍하실까? 내 생각에 하느님의 대답은, "글쎄……"다.

자기 자신을 더 객관화해 보자. 내가 다른 사람과 차별화되는 '나의 경쟁력'이 있을까? 그것이 무엇일까? 여러분이 기업의 사장이라면 여러 지원자 중에서 자기 자신을 가장 우선적으로 채용할 것인가? 그렇다면 어떤 능력을 보고 그런 선택을 할까? 대학생들에게 이런 질문을 하면 의외로 잘 대답하지 못한다. 심지어는 기업에 최종 면접을 온 구직자 중에도 이렇게 질문하면 자기의 장점 또는 자신만의 경쟁력을 구체적으로 설명하지 못하는 사람이 많이 있다고 한다.

한나라 건국의 일등 공신인 한신은 원래 초나라의 관리였다. 그러나 항우에게 제대로 인정받지 못하자 인재를 구한다는 한나라로 찾아간다. 김팔봉의 소설 《초한지》에는 한신이 한나라에 들어가서 천하의 인재를 구하는 역할을 맡은 초현전招賢殿의 책임자 하후영과 승상 소하를 만나는 장면이 아주 감동적으로 묘사되어 있다.

초현관이 묻는다.

"당신은 우리가 내건 인재 등용 요건 13개조 중 어느 항목에서 경쟁력이 있습니까?"

한신이 답변한다.

"그 13개조 인재 등용 요건은 장수로서 기본입니다. 저는 이를 모두 충족하고 또 이에 더하여 '파초대원수'로서의 역량을 갖고 있습니다."

한신은 이렇게 인재 발탁 책임자에게 자기의 경쟁력을 당당하게 내세우며 자신이 적임자임을 주장한다. 당시 한신은 유방의 최고 참모인 장량이 자신을 파초대원수감으로서 최적임자라고 천거하는 증표를 몸에 지니고 있었다. 하지만 그것을 내보이지 않고 자기만의 힘으로 발탁되기 위해 이런 시도를 하는 것이다.

이렇게 하여 항우의 부하였던 한신이 초나라에서는 중간 간부에 불과하였으나 한나라로 가서는 항우의 경쟁자 유방의 파초대원수로 발탁되는 변신에 성공할 수 있었다. 한신은 자기가 주장한 역량을 모두 갖추고 있었다는 것을 나중에 수많은 전투에서 실력으로 입증한다.

우리가 한신같이 전혀 기반이 없는 다른 나라에 처음 가더라도 당당하게 내세울 나만의 경쟁력을 과연 갖추고 있을까? 항우에게 인정받지 못한 사람이 유방에게는 최고의 인재로 발탁될 수 있었을까? 한신같이 걸출한 인재가 아니면 나의 경쟁력이라고 내세울 것이 없는 것일까?

공자 왈, "지위가 없음을 걱정하지 말고 그 자리에 설 수 있는 능력을 갖추기를 걱정해야 하며, 자기를 알아주지 않는 것을 걱정하지 말고 남이 알아줄 만하게 되도록 노력해야 한다."《논어》〈이인里仁〉편)

공자님 말씀은 자리 걱정을 하기에 앞서 정작 자기가 그런 자리를 맡았을 때 잘 해낼 수 있게 자신의 능력을 갖추는 데 더 신경을 쓰라는 뜻이다. 2500년 전의 공자님 말씀이 바로 지금 우리의 논의에 딱

들어맞는 내용이 아닌가? 모두 취업하려는 데만 급급해 비슷비슷한 스펙 쌓기에 몰두하며 정작 자기만의 경쟁력을 점검해 보고 이를 강화하려는 데에는 소홀한 게 아닐까? 정말 확실한 경쟁력을 갖추고 있는데도 나를 알아주는 사람이 없는 것일까? 정공법으로 우선 자신의 경쟁력을 더 강화하는 데 주력하면 어떨까?

경쟁력의 문제는 구직자뿐만 아니라 이미 직장에 취업하여 근무하고 있는 사람에게도 마찬가지이다. 큰 조직에서나 작은 조직에서나 어디에서도 사람은 많아도 정작 '쓸 만한 사람'은 적은 법이다. CEO도 사람이 없다고 하고 과장이나 부장도 쓸 만한 사람이 없다고 한다. 경영자가 '인재난'이라고 말하는 이유는 기업의 생존이 걸린 중요한 과제가 있을 때 믿고 맡길 만한 인재가 없기 때문이다. 크건 작건 어떤 조직에서도 중요한 과제를 맡기려고 하면 항상 그 일을 감당할 마땅한 사람을 찾기 어렵다고 한다. 일을 해낼 수 있는 역량 있는 인재를 찾기만 하면 일은 거의 다된 셈이다. 그래서 "인사가 만사다"라고 말한다.

누구라도 믿고 맡길 만한 그런 능력을 갖춘다면, 즉 경쟁력 있는 인재가 된다면 취업이나 기업에서의 성공은 보장이 된 셈이다. 그런데도 많은 직장인들은 핵심 인재가 되려고 노력하기보다도 회사에서 내 능력과 실적에 비해 제대로 대우하지 않는다고 불평하는 데 더 열을 올린다. 경영자는 쓸 만한 인재가 없다고 하는데도 말이다. 이렇게 경영자와 근로자는 서로 보는 시각에서 큰 차이가 있다. 그렇다면, 경쟁력 있는 인재란 어떤 사람인가?

청년 여러분은 어떤 세대인가

20~30대 초반 N세대의 특징

돈 탭스콧은 디지털 시대에 대해 연구하던 1993년 당시 7세와 10세에 불과한 그의 자녀들이 인터넷 세상을 자유자재로 항해하며 새로운 IT기술을 마음껏 활용하는 것을 발견한다. 그는 처음에는 "우리 아이들이 디지털 천재구나" 하고 감탄한다. 그런데 알고 보니 자기 아이뿐만 아니라 같은 또래 아이들에게 공통적으로 그런 재능이 있다는 것을 깨닫고 이들의 성향을 연구하기 시작한다.

디지털 시대에 태어난 디지털 세대는 다른 기성세대와 분명히 구분되는 특징이 있다. 이들은 어릴 때부터 디지털 매체를 접하고 디지털 기기를 가지고 놀면서 성장해서 '디지털 기술이 체질화된 세대digital native'이다. 반면에 베이비 붐 시대에 태어난 그들의 부모 세대는 뒤늦게 디지털 기술을 익혀 비록 익숙한 사람이라 하더라도 완전히 체질화되지는 않는다. 마치 이민자들이 현지에 오래 살아도 자기 세대에는 현지인과 완전히 똑같은 문화 의식을 지니지 못하는 것처럼 기성세대는 '디지털에 관한 이민자digital immigrant'인 셈이다.

베이비 부머 세대인 부모로부터 태어난 자녀들을 디지털 세대, 인터넷 세대 등 여러 용어로 부르고 있다. 그러나 우리의 논의에 가장 적합한 용어는 N세대Net Generation라고 생각한다. 원래의 전문용어는 넷세대인데 우리나라에서는 N세대라는 용어가 널리 쓰이고 있다.

N세대는 인터넷이 활성화되면서 성장한 이들로 미국에서 1977~97년에 태어난 세대를 지칭하여 돈 탭스콧이 1997년부터 사용한 용어

이다. 돈 탭스콧은 비즈니스 전략 분야의 세계적인 권위자이며 《위키노믹스》 등을 지은 베스트셀러 작가이다. 그는 《디지털 네이티브Grown Up Digital: How the Net Generation Is Changing Your World?》라는 책에서 N세대의 특징으로 다음의 8가지를 강조하고 있다.

① N세대는 직장이나 학교, 가정 등 모든 일에서 자유를 원한다. 여기에서 자유는 선택의 자유와 표현의 자유 등을 포함한다.
② N세대는 개인의 취향에 맞게 개인화하는 것을 선호한다.
③ N세대는 새로운 감시자로서 기업이나 제품 등을 철저하게 감시하고 조사한다.
④ N세대는 제품을 사거나 직장을 선택할 때 기업의 성실성과 정직성을 중요하게 생각한다.
⑤ N세대는 일, 교육, 사회생활에서 재미와 놀이를 선호한다.
⑥ N세대는 협업과 관계를 중요시한다.
⑦ N세대는 빠른 속도를 요구한다.
⑧ N세대는 혁신을 사랑하고 주도한다.

돈 탭스콧은 이 연구를 위해서 미국과 캐나다를 비롯해 12개국(중국, 일본은 포함되었으나 한국은 포함되지 않았음)을 대상으로 2007년 당시 16~29세의 N세대 7685명을 인터뷰했다. 또한 30~41세의 X세대와 42~61세의 베이비 붐 세대에 대한 조사도 병행하여 비교·분석하고 나서 위와 같은 8가지의 공통적인 특징을 지적한 것이다.

사실 N세대에 대해서는 그동안 기성세대가 많은 부정적인 견해를

표시하며 우려해 왔다. 돈 탭스콧이 정리해본 N세대에 대한 부정적인 견해를 살펴보자.(pp.26~31)

① N세대는 기성세대가 젊었을 때보다 멍청하고 주의력이 부족하여 산만하고 집중하지 못한다.
② 이들은 컴퓨터와 인터넷에 중독돼 폐쇄적이고 사교나 운동에도 소극적이다.
③ 이들은 부끄러움이 없고 자신에 관한 온갖 정보를 인터넷에 공개한다. 이들은 부모의 과잉보호 영향으로 결혼이나 진로 선택 등에서 스스로 하지 못하고 두려워한다.
④ 이들은 온라인상에서 친구들을 괴롭히고 폭력적이다.
⑤ 이들은 직장에서 자신들의 요구만 주장하고 직장의 요구에 대해서 관심이 없다.

이러한 지적에 일부 공감이 가는 부분도 없지 않으나 나는 대부분의 지적이 일부 청년들에 국한된 문제를 지나치게 확대 해석한 것이라 생각한다. 동서고금을 막론하고 어느 시대에나 기성세대의 눈에 젊은 세대는 불안하고 미덥지 못한 존재인 것 같다. 그러나 N세대인 나의 두 아들이나 여러 대학생들과 생활하고 대화하면서 느끼지만 돈 탭스콧이 제기한 부정적인 측면보다 긍정적인 측면이 더 설득력이 있다. 우리 청년들은 겉보기와는 달리 속으로는 생각이 깊다.

돈 탭스콧은 지금의 N세대가 과거 어느 세대보다도 지식과 기술,

지적 능력이 뛰어난 세대라고 한다. 그러나 인구와 산업구조의 변화로 이들은 부모 세대가 겪지 못했던 고용 문제를 한꺼번에 체험하게 되는 고난의 세대이기도 하다. 우리는 이런 성격을 가진 N세대를 대상으로 논의를 하고 있다. 그래서 이들의 특성을 이해하며 애정을 갖고 대화하면서 길을 제시해 주는 따뜻한 멘토링이 필요하다고 생각한다.

한국의 N세대

디지털 세대는 30대 초반 이하의 연령층으로서 이 책의 주된 대상이다. 따라서 여기에서는 다른 세대와 분명히 구별되는 이들의 성격에 대한 분석부터 시작해야 옳을 것 같다.

2011년 6월에 나는 한양대학교에서 경제학 세미나를 수강한 학생 25명에게 N세대의 8가지 특징을 제시하며 자기도 그런 성향이 있다고 생각하는지 여부를 물어보고 토론도 했다. 설문에 응한 학생의 과반수가 8가지 항목 모두에 공감한다고 답했다. 나머지 학생들도 5가지 이상의 특징에는 공감한다고 답했다. 공감하지 않은 학생들은 대개 ③, ④, ⑧문항에 대하여 부정적인 반응을 보였다.

이런 조사 결과 만으로 판단하는 것은 성급하지만, 우리나라의 N세대는 자기가 구매하는 제품을 만드는 기업의 속성을 따지는 부분 같은 데에서는 그다지 적극적이지 않다고 생각할 수 있지 않을까?

그러나 N세대로서 표현의 자유, 선택의 자유를 중요시하는 것이나 어떤 일에서나 재미와 놀이를 추구하는 등 대표적인 특징에 대해서는 모두 공감한다고 해석할 수 있겠다.

그래서인지 우리나라에서는 최근 20대를 S세대라고 부르는 표현이 등장했다.[1] S세대는 스마트 세대를 줄인 표현으로 위에서 논의한 N세대와 거의 비슷한 개념이다. 1960년대에 출생한 세대를 386세대라고 부르고 1970년대에 출생한 세대는 X세대이며 1980년대에 출생한 이들이 S세대인 셈이다.

우리나라의 S세대는 어려서부터 IMF 외환 위기와 2008년의 글로벌 금융 위기 등을 겪으며 가정과 사회에서 경제적 어려움을 목격한 세대이다. 또한 이러한 경제 위기의 결과로 빚어진 경제 양극화와 노동시장의 양극화를 직접 경험하며 비정규직의 확대, '88만원 세대'의 등장을 직접 피부로 느끼는 세대이다. 그래서 이들은 무한 경쟁에서 생존해야 한다는 위기감을 느끼고 생존 전략으로서 갖가지 스펙 쌓기에 치열하게 노력한다.

매일경제신문은 2011년 3월에 코리아 리서치에 의뢰해 전국의 20대 청년 500명에 대하여 대한민국 20대 인식 조사를 실시한 바 있다. 그 결과 20대 청년의 98.4%가 우리나라의 경제 양극화가 심각하다고 답변했다. 그리고 빈곤의 주된 원인으로 89.9%가 사회의 구조적 시스템 문제라고 생각한다. 개인의 노력과 의지 부족이 원인이라는 답변은 10.1%에 불과하다. 이들의 54.9%가 현재 스마트폰을 사용하고 있으며 하루 평균 사용 시간은 176분이나 된다고 한다. 이러한 20대 즉 S세대는 디지털 세대로서 페이스북과 트위터로 실시간 소통하며 스마트폰 열풍을 주도하는 이들이라고 한다.

우리의 20대 청년들이 돈 탭스콧이 정의한 N세대와 성격이 부합된다면 선택의 자유와 표현의 자유를 중시하고 자기에게 맞는 맞춤형 제품과 서비스, 직장에서도 재미와 놀이를 선호하지 않을까? 이러한 특징을 갖는 N세대 청년이 관료 조직화된 공기업이나 대기업에 들어가서 자기의 성격대로 직장 생활하면서 역량을 발휘할 수 있을까? 속도감을 즐기면서 혁신을 주도할 수 있을까? 오히려 공기업이나 대기업보다는 혁신적인 벤처형 중소기업이 그들에게 더 많은 가능성을 주지 않을까? 처음부터 정규직만을 고집하느라 구직 기간을 늘리는 것보다 기간제, 파트타임 근무라도 해보면서 다른 기회를 모색해 보는 것은 어떨까?

그런데 IMF 외환 위기로 경험한 대규모 실직과 조기 퇴직, 만성화된 대졸자 취업난 등을 목격하면서 디지털 세대의 미래에 대한 불안감이 갈수록 커지고 있다. 그래서 취업 문제에서는 보수적인 성향 즉, 고시 열풍, 의대·법대 선호, 대기업·공기업 편중 지원 등의 기질을 갖게 된 것으로 보인다. 이런 문제의식으로 논의를 계속해 보자.

02
두 가지 스킬이
당신을 구원하리라

■■■

경쟁력이란 무엇인가

경쟁력과 취업 능력

경쟁력은 사회에서 다른 사람과 비교할 때 드러나는 능력, 실력이다. 경쟁력이 있다는 것은 다른 사람과 비교했을 때 갖추고 있는 실력으로 내가 돋보인다는 의미이다. 그런데 통상 "나는 경쟁력이 있다."고 말하지는 않는다. 그보다는 "나는 ~분야에 경쟁력이 있다." 또는 "나는 ~에 관해서는 경쟁력이 있다."고 말한다. 모든 면에서 다 잘한다는 것이 아니라 적어도 어떤 부분에서는 다른 사람보다 낫다고 하고, 그 분야에서는 경쟁력이 있다고 말하는 셈이다.

'경쟁력'이라는 단어가 너무 이해타산적이고 비정한 느낌을 줄 수도 있을 것이다. 그러나 현대의 치열한 경쟁 사회에서 개인의 성공 여부는 여기에 달려 있다. 그래서 나는 다른 어떤 용어보다도 경쟁력이라는 단어에 관심을 가져야 하고 우리의 논의에 더 적합하다고 판단한다. 원래 경쟁력competitiveness이란 개념은 한 기업 등이 시장에서 다른 많은 기업과 비교할 때 어느 정도의 실력을 갖추고 있는지를 의미할 때 주로 쓰인다. 기업에 적용하면 기업 경쟁력, 국가에 적용하면 국가경쟁력이 된다.

노동경제학에서는 개인의 '경쟁력'보다도 '능력'이나 '취업 능력employability'이라는 개념을 많이 사용한다. 우리의 논의에는 취업 능력이라는 용어가 더 적합하다고 생각한다. 법령에서 주로 사용하는 '직업 능력'은 직업 생활을 성공적으로 하기 위해 필요한 능력을 의미하며 취업 능력보다 더 포괄적인 개념이다.

EU는 유럽 고용 전략에서 각 국의 고용률 향상 목표를 정해 놓고 이를 달성하기 위해서는 개인의 취업 능력을 강화하라고 제안한다. 이때의 취업 능력이란 취업하기 위하여 필요한 구직자로서의 능력뿐만 아니라 취업 후에도 기업의 목표 달성에 기여하면서 고용을 유지하도록 자신의 역량을 효과적으로 발휘하는 능력을 말한다. 이러한 능력을 유지하고 또 계속 강화해 두어야 급변하는 상황에서도 고용을 유지하고 경제적 지위를 개선할 수 있다. 여기에서 강조하고 있는 것은 평생 공부, 평생 학습이다. 결국, 유럽 고용 전략을 통해 드러난 것은 구직을 위한 능력뿐만 아니라 직업 생활을 유지하기 위한 능력도 중요하다는 사실이다.

이런 관점에서 취업 능력은 앞에서 정의한 경쟁력과 같은 개념이지만 앞으로의 논의에서 나는 '경쟁력'이라는 용어를 주로 사용하겠다.

고용 정책에서도 '취업 능력'에 중점을 두는 경향

과거에는 학교 졸업 후 취업하면 정년퇴직할 때까지 한 직장에서 정규직으로 근무했고 그곳이 평생직장이 되는 게 일반적이었다. 그러나 최근에는 졸업 후 취직하는 게 쉽지 않아 상당 기간 실업 상태에 머물기도 한다. 취업을 해도 정규직이 아닌 기간제, 인턴, 파트타임, 파견직 등 다양한 형태로 근무하는 경우가 흔하다. 고용 자체가 불안정해 근무 기간을 예측하기 어렵다. 육아를 위해 직장을 그만두면 나중에 재취업을 하기도 힘들다. 정년보다 훨씬 이전에 퇴직하는 사람이 늘고 고령자의 재취업에도 장애 요인이 많다. 실업 기간이 길어지면 그만큼 재취업도 힘들고 생계에 대한 불안감은 점점 커진다. 이런 것들을 노동시장에서 일어나는 '이행'이라고 하는데 이행 빈도가 늘어나고 있고, 개인에게 이행은 그 자체가 리스크, 즉 위험 요소가 된다.

개인은 직업 생활을 하는 동안 여러 형태의 이행 과정을 거치게 되는데 정책 당국이 당장의 '취업'에만 목표를 두면 다양한 이행이라는 리스크에 대처하기가 어려워진다. 즉, 실직, 육아 후 재취업, 조기 퇴직, 비정규직 등 여러 리스크에 노출된 개인이 그것들에 잘 대처하게 하기 위해서는 당국이 취업률 향상에 급급하기보다는 개개인의 사회적 경쟁력을 강화하는 데 더 중점을 두어야 한다. 그래서 개인이 향상된 자기의 능력으로 더욱 근본적으로 대처할 수 있도록 해야 한다. 이행 과정에서 소득을 확보하지 못해 개인이 겪게 될 리스크는 소득을 지원해 주는 복지 정책이 고용 정책과 연계된다면 훨씬 더 감소될 것이다. 그래서 무엇보다 필요한 근본적인 것은 개인의 경쟁력 개발이다. 실력이 있는 사람은 어떠한 위험 앞에서도 잘 견디어 내고 더 좋은 상태로 쉽게 이행해 갈 수 있다.

1990년대 중반 이후 유럽에서 발달한 '이행노동시장Transitional Labour Market 이론'은 위와 같은 논리에서 노동시장의 이행을 관리하는 데 중점을 둔다. 그래서 정책의 목표를 '취업'에서 '취업 능력'으로 바꾸어야 더 실효성이 있다고 주장한다.

이 이론에 비추어 보아도 갈수록 불안정한 노동시장에서는 눈앞의 취업보다 사회적 경쟁력을 강화하는 게 더욱 근본적인 대처 방안이라는 것을 알 수 있다. 이행이 빈번하고 리스크가 커지는 현대의 노동시장에서 개인의 경쟁력 강화는 무엇보다 절실한 과제이다.

사람 입국立國과 사람 경쟁력

우리나라 정부는 2004년에 '사람 입국 신경쟁력 특별위원회'를 설립하여 운영한 바 있다. 이 위원회의 간사로 활동했던 신봉호, 조우현 교수가 공저한 《이제는 사람이 경쟁력이다》에 '사람 경쟁력'의 이론적인 토대와 국내외 기업의 사례, 이를 위한 정책 과제 등이 정리되어 있다. 이들은 '사람 경쟁력'을 '근로자 이외의 과학 기술자, R&D 종사자, 기업가들의 역할 그리고 신뢰·협동 등을 낳는 인간 간의 사회적 네트워크 등을 추가로 강조하는 포괄적 개념'으로 정의한다.(p.44)

이렇게 포괄적으로 '사람 경쟁력'을 정의하면 결과적으로 '기업의 포괄적·집단적인 사람의 경쟁력'과 같은 의미가 된다. 포괄적인 '사람 경쟁력'에서는 개개인의 입장이 부각되지 않고 기업이 가진 총체적인 사람 자원의 경쟁력을 강화하려면 어떻게 해야 하는가에 대한 논의처럼 보인다. 기업, 국가를 중심에 두고 그 경쟁력을 높이기 위해 핵심 원천인 사람 경쟁력을 강화하자는 주장인 셈이다. 신봉호·조우현의 저서는 매우 적절한 문제의식에서 출발했다. 그러나 저자들이 '사람 입국 신경쟁력 특별위원회'의 활동에 참여하면서 논의 과제가 정부 또는 기업이 선택해야 할 과제 중심으로 한정된 것처럼 보인다.

하드 스킬과 소프트 스킬

개인의 취업 능력, 즉 경쟁력은 직무를 수행하기 위한 지식과 기술뿐만 아니라 그가 지닌 개성, 기질, 성격과 다른 사람과의 관계를 형성하는 능력 등 개인의 다양한 속성도 포함하고 있다. 사회학적 용어로는 전문적인 지식과 기술을 의미하는 하드 스킬hard skills과 개인적 기질, 개성과 사람 관계에 따른 능력 등을 의미하는 소프트 스킬soft skills로 구분하기도 한다.[2]

하드 스킬은 기계·기구의 조작, 설계, 회계, 원가 계산, 사무 절차·방법 등 직무 수행에 필요한 지식이나 기술을 말한다. 하드 스킬의 속성상 개인이 그것을 갖고 있는지, 그 수준이 어느 정도인지 측정하고 계량화하는 건 비교적 쉬운 편이다. 반면에 소프트 스킬은 그 범위가 매우 넓기도 하거니와 추상적인 요소가 강해 측정하거나 계량화하기가 어렵다.

다음의 사례를 보면서 좀 더 구체적으로 논의해 보자.

A는 대학에서 회계학을 공부하고 세무 실무에 대한 강의도 들어서 상당한 실력을 갖추고 있다. 그런데 성격이 너무 얌전하고 내성적이어서 다른 사람과 잘 어울리지 못한다. 발표력도 약하다. 그러나 자기가 좋아하는 일에 대해서는 매우 집중하는 성격이다. B는 A와 전공이 같지만 학과 성적은 그다지 좋지 않다. 그러나 성격이 활달하고 리더십과 발표력이 뛰어나다. 이렇게 비교하면 A는 하드 스킬은 좋고 업무 집중력은 있으나 리더십 등의 소프트 스킬이 약하다. B는 하드 스킬에 비해 소프트 스킬이 강하다. 취업이나 직장에서 누가 더 성공할 가능성이 높을까?

머릿속에 엄청난 지식을 갖고 있어도 글이나 말로 표현을 못하면 다른 사람이 어떻게 그 실력을 알 수 있겠는가? 실력이 있다 하더라도 열정을 다해 업무를 수행하지 않는다면 그런 실력이 무슨 소용 있는가? 혼자만의 힘으로 여러 사람의 지혜를 감당할 수 있을까? 이런 의문들은 소프트 스킬의 중요성을 부각시킨다. 여러분이 기업의 사장이라면 어떤 사람을 더 중요시할까? 지식과 기술은 계속 발전하기도 하지만 노력하기에 따라 현실 사회에서 쉽게 접할 수도 있다. 지금 갖고 있는 지식·기술보다는 지속적으로 그것을 향상시킬 수 있는 열린 자세와 적극적인 열정이 중요하다. 그래서 사람들은 사회생활에서의 성공 여부는 지식·기술보다 그 사람의 소프트 스킬 능력에 더 좌우된다고 말한다.

S대 법대를 졸업하고 행정고시에 합격한 P가 있었다. 머리가 명석하고 논리적이며 아는 것은 많지만 다른 사람과 어울리지 못하고 직장에서 왕따를 당하는 사람이었다. 그는 자신만 똑똑하다 생각하기 때문에 다른 사람의 의견을 들으려 하지 않고 자기주장만 내세운다. 즉 하드

스킬은 강하지만 소프트 스킬이 약한 사람이었다. 이렇게 되자 그는 직장에서 배워야 할 새로운 지식은 쌓지 못하고 갈수록 원래의 강점이었던 하드 스킬 중심의 경쟁력도 퇴화하고 형식적인 자존심만 갖게 되었다. "내가 S대 출신이고 고시 합격자인데……." 상황이 갈수록 불리해지는데도 머릿속에서는 이런 생각으로 점점 갈등만 커져 갔다. 결국, 그는 조직 내에서 위상이 점점 떨어졌고 직장 생활을 힘들게 마무리해야 했다.

반면, 지방대 출신의 K는 이와 매우 대비되는 사람이었다. 초기에는 하드 스킬보다는 소프트 스킬이 강한 사람이었다. 열린 마음으로 누구와도 잘 어울리며 대화를 통해 많은 것을 배웠다. 그러다 조직으로부터 능력을 인정받고 계속 중요한 보직을 맡게 됐다. 중요한 일을 하게 되면서 그 과정에서 그의 전문 지식과 문제 해결 능력 등 역량이 강화되고 중요한 부서에 근무하는 핵심 인재들과 끈끈한 인간관계를 맺을 수 있는 기회가 더 많아졌다. 그러다 보니 그는 조직에서 반드시 필요한 인물이 되었다. 그리고 결국 그는 최고의 직위까지 올랐다.

그럼에도 불구하고 우리 청년들은 대개 하드 스킬, 즉 지식과 기술 중심으로 생각하는 경향이 있다. 자신의 출신 학교, 학과 및 학점, 어학 실력 등을 내세우며 이렇게 좋은 '스펙'을 갖춘 자기가 취업되지 않으면 뭔가 잘못됐다고 생각하거나 다른 이를 원망하는 사람도 있다. 기업에서는 학교와 성적으로 표시되는 하드 스킬보다도 그 사람의 성격과 기질, 태도 등 소프트 스킬에 문제가 있다고 판단하면 불합격 결정을 내리는 경우도 많다.

"하드 스킬은 당신에게 인터뷰할 기회를 주지만, 소프트 스킬은 당신을 취업시켜 준다"라는 노동시장의 격언은 깊게 음미할 만하다. 지식과 기술에 중점을 뒀던 대학에서도 최근에는 소프트 스킬을 강조하는 사례가 늘고 있다. 그러나 그 특성상 소프트 스킬은 쉽게 측정되지도 않고 단기간 내에 향상되는 게 아니어서 문제의 여지가 있다. 소프트 스킬이란 구체적으로 무엇일까?

소프트 스킬의 분류

일에 대한 개인의 자세, 기질, 성격이나 다른 사람과의 관계에서 나타나는 태도, 말 또는 글로 하는 발표력, 커뮤니케이션 능력, 리더십, 팀워크 능력 등이 이른바 소프트 스킬에 속한다. 즉, 사람과 사람 사이의 관계에서 발휘되는 개인적인 기질이나 능력 등을 포괄하여 인간관계 능력 people skills, behavioral skills이라고도 한다. 사실 소프트 스킬은 그 범위가 매우 광범하고 보는 관점에 따라 그 범주도 다르다. 사회학자들은 이러한 소프트 스킬을 감성지수의 지표로 활용하고 있다. 소프트 스킬에 대해서는 학문적으로 연구하기보다 경영대학원이나 교육훈련 기관이 교육 프로그램으로 개발하여 실제 운용하고 있다. 아직 통일된 개념이 없지만 크게 보면 다음과 같이 분류할 수 있겠다.

① 일에 대한 개인의 자세, 성격, 기질: 열정, 집념, 자부심, 성실, 긍정적·적극적 자세, 직업관

② 다른 사람과의 관계에서 나타나는 태도, 예의범절, 열린 마음, 친절, 우호적인 태도, 리더십, 시간 관리 능력, 멘토링, 절제 능력, 헌신·봉사정신

③ 커뮤니케이션 능력, 글쓰기 능력, 프레젠테이션 능력, 팀워크, 협상력 등

이러한 소프트 스킬은 일부 타고난 것도 있으나 대부분은 시간을 갖고 훈련하면 강화할 수 있는 것들이다. 사회에서는 처음부터 이런 요소를 모두 갖춘 슈퍼맨을 요구하는 게 아니다. 다만 잠재력이 있는가, 발전 가능성이 큰가 등 다른 사람과 비교할 때 그 사람의 상대적인 위치를 판단한다는 의미이다. 사회의 평가 기준은 점점 넓어지고 더 깊게 근본적인 역량을 보려는 경향을 띠고 있다. 그러다 보니 사회에서의 경쟁력, 즉 성공 여부를 좌우하는 핵심 요소로 소프트 스킬의 중요성이 날로 강조되고 있는 실정이다.

개별적인 나의 경쟁력에 관심을

나는 기업의 포괄적인 '사람 경쟁력'이 아니라 '한 사람, 한 사람'이 갖는 '나의 경쟁력'에 더 주목하고 있다. 기업에 소속되어 있는 사람이 아니라 노동시장의 일원으로서의 자유로운 개인에 대해 생각하자는 것이다. 한 개인이 독자적으로 가지고 있는 능력을 강화해서 그

것을 사회에서의 경쟁력으로 만들어 그의 노동시장 지위를 강화하는 게 더 중요하기 때문이다. 대상이 대학생, 구직자일 수도 있고 이미 취업해 있는 근로자일 수도 있다.

취업하려면 기업이 중시하고 사회에서 성공할 수 있는 자질, 역량, 경쟁력을 갖춰야 한다. 그것이 자신에게도 유리하고 기업과 사회에도 이익이 된다. 역량을 갖춘 좋은 인재가 많을수록 기업이 성장하고, 그런 인재를 활용하려는 새로운 기업도 몰려든다. 그래야 고용도 늘어나며 나라가 발전한다. 기업의 경쟁력과 연계되지 않은 개인의 경쟁력 논의는 취업으로 연결되지 못한 채 공허하게 들리기 쉽다. 그래서 개인의 경쟁력은 기업의 경쟁 전략과 맞물려 논의하는 게 바람직하다. 그러나 여기에서는 개인의 경쟁력 강화에 중점을 두려고 한다.

나는 오랜 공직 생활을 통해서 개인의 열정과 집념, 긍정적·적극적 자세, 대인 관계 등에 따라 직장에서의 경쟁력에서 큰 격차가 난다는 것을 절실하게 체험했다. 행정고시를 거쳐 동시에 입사한 고시 동기들끼리도 1~2년만 지나면 그 역량에서 차이가 난다. 초기에 동기들끼리는 겉보기에 지식과 기술 등의 능력 즉, 하드 스킬에서 큰 차이가 없다고 할 수 있다. 그런데도 시간이 지날수록 개인 간의 능력과 성과의 격차는 커진다. 본인은 잘 못 느끼지만 주변의 사람들 대부분은 그 격차를 쉽게 간파한다. 후배들에게 이러한 경험과 사례를 이야기하며 교훈으로 삼으라고 해도 그것을 받아들이는 자세에서 이미 개인 간에 많은 차이가 있었다.

열정을 갖고 적극적으로 일을 찾아 매진하는 사람과 소극적으로 주어진 일만 처리하는 사람이 똑같은 평가를 받을 수는 없다. 매사를 긍정적으로 보고 적극적으로 정책을 강구하는 사람과 항상 부정적으로 생각하는 사람이 내는 성과는 다르다. 당장의 성과뿐만 아니라 성격과 자세의 차이 때문에 직장에서 업무를 통해 형성되는 역량도 달라져 경쟁력의 격차가 갈수록 커진다.

조직에서는 부정적인 사고를 하는 사람이 있으면 그 분위기가 다른 사람들에게도 확산된다. 자기 혼자만 일을 소극적으로 하는 것이 아니라 다른 사람의 일까지 방해하고 전체적인 분위기를 저해하는 것이다. 따라서 그런 성향의 사람은 자신의 성과가 낮은 데서 그치지 않고 조직에 더 큰 폐해까지 초래하게 된다.

마음이 열린 긍정적인 사람은 항상 다른 사람의 의견을 경청하면서 배우고 서로의 의견을 조율해 가면서 더 나은 결론에 이르는 시너지를 만들어 낼 수 있다. 인적 자원의 개발, 능력 개발이라는 관점에서도 사람들의 성격, 기질, 업무에 대한 태도 등은 일의 성패에 매우 결정적인 역할을 한다. 그래서 소프트 스킬은 중요하다. 이를 의식하고 개선하려는 노력을 하게 되면 분명한 효과가 있을 것이다.

서점에는 구글, 애플, GE, MS, 삼성전자, 도요타 등 세계 초일류 기업의 성공 사례에 대한 책들이 많이 나와 있다. 또한 스티브 잡스, 빌 게이츠, 잭 웰치, 이건희 등 최고의 CEO에 대한 책들도 많다. 우리 청년들이 이런 책을 보며 미래의 꿈을 키우고 준비하는 것은 매우 바람직하다. 그러나 다른 한편에서는 지금 당장 취업도 못하고 있는데 세계 초일류 기업, 최고로 성공한 사람에 관한 것만 읽다 보면 눈높이가 더 올라가고 취업이 더 어려워져 좌절감에 빠지지는 않을까?

그래서 나는 슈퍼맨 이야기가 아니라 보통 사람들의 이야기에 주로 초점을 맞추려 한다. 현실적으로 누구나 따라 해 볼 수 있는 보통 사람들이 성공한 사례를 보여주고 그렇게 하려면 어떠한 요인이 중요한가에 대한 논의가 더 필요하다고 생각한다. 생각을 바꾸고 학교와 사회생활을 통해 매일매일 한 발자국씩 나아가면 충분히 달성할 수 있는 길을 제시하려는 것이다.

급변하는 지식·정보·기술 사회에서 현재 지닌 능력은 매우 제한적이고 오래 활용할 수 없다. 지속적으로 능력을 보완·개발하고 또 그 능력과 잠재된 창의력을 발휘하게 하는 기업의 여건과 문화가 중요하다. 보수 수준보다도 더 중요한 것이 내 능력을 계속 발전시켜 주는 시스템을 갖춘 회사인가, 나를 신뢰하고 능력을 마음껏 발휘할 수 있도록 기회를 주는 기업인가의 문제들이다. 개인의 경쟁력에 초점을 맞추어 논의하다 보면 이러한 관점이 부각되기 마련이다.

많은 기업의 사례를 다루는 이유는 그 기업이 사람을 어떠한 시각에서 다루는지 그래서 어느 정도의 성과를 냈는지 비교할 수 있기 때문이다. 여러분이 기업에서 성공하려면 그런 기업을 찾아야 한다. 특히 개인의 성격·성향과 기업의 가치·성향이 일치해야 제대로 개인의 능력을 발휘할 수 있다. 또한 채용 당시의 능력뿐만 아니라 그 후에도 능력을 키워주고 제대로 발휘할 분위기·여건을 만들어 주는지가 중요하다. 취업 당시의 보수나 기업의 규모보다는 인재를 다루는 기업의 시각이 더 중요하다는 뜻이다.

이제까지 수많은 정책과 제도가 시행되었음에도 불구하고 개개인의 구체적인 경쟁력을 강화하는 데에 정책의 초점을 맞추지는 못했다고 생각한다. 기본적으로 이것은 개인의 책임이라고 보기 때문이다. 독자적인 개별 구직자로서 나의 경쟁력을 어떻게 강화할 수 있는가? 경쟁력을 강화하면 어떠한 분야에서 어떤 가능성이 열리는가? 나의 경쟁력 강화가 기업의 경쟁력, 나아가 국가의 경쟁력과는 어떻게 연결되는가? 이것들은 앞으로 논의할 주요 관심사가 될 것이다.

PART 2

청춘에게
꼭 필요한 훈련

지금까지 논의한 바와 같이 나의 경쟁력을 높이기 위해서는 다음과 같은 능력을 강화해야 한다.

● 하드 스킬

지식과 기술 등 업무 수행을 위해 필요한 능력으로서 학교에서뿐만 아니라 졸업 후에도 평생을 통해 계속 학습하여 키워 가야 한다.

● 소프트 스킬

① 일에 대한 개인의 자세, 기질, 성격: 열정, 집념, 자부심, 성실, 긍정적·적극적 자세, 직업관

② 다른 사람과의 관계에서 나타나는 예의범절, 열린 마음, 친절·우호적인 태도, 리더십, 시간 관리, 멘토링, 절제 능력 , 헌신과 봉사 정신

③ 커뮤니케이션 능력, 발표력, 글쓰기 능력, 팀워크, 협상력 등

이러한 것 중에서 내가 특히 중요하다고 판단하는 몇 가지에 대해

집중적으로 논의하기로 한다.

　이제부터 여러분이 대학에서 실행할 경쟁력 강화 프로그램을 나와 같이 진행해 보자.

　한양대에서 진행한 '경제학 세미나'와 '경제시사 토론' 경험을 토대로 논의를 전개하되 여러 관련 이슈를 추가해 진행하려 한다. '경제학 세미나'는 주로 4학년을 대상으로 하고 '경제시사 토론'은 주로 2~4학년을 대상으로 한다. 다루는 주제는 다르지만 진행 방법은 거의 비슷하다.

　이 프로그램들은 지난 6학기 동안 세부 진행 방법을 조금씩 바꿔 가면서 대학생들의 경쟁력 강화 프로그램으로 정착해 왔다. 학생들은 한 학기 동안의 세미나만으로도 뚜렷한 성취를 보여주며 자신감을 얻게 된다. 내가 보기에도 크게 발전하고 있지만 학생들 자신도 뚜렷한 진전을 통해 성취감을 느꼈다고 말한다. 그래서 취업이나 면접뿐만 아니라 다양한 상황에서도 많은 도움이 되었다고 얘기한다.

　내가 경제학을 강의하기 때문에 여기에서는 경제학을 주제로 논의하지만 이 프로그램은 결코 경제학에 한정된 게 아니다. 다른 어떤 과목에도 적용될 수 있다고 생각한다. 중요한 것은 여기에서 제안하는 프로그램의 모델과 방법이다.

또한 머리말에서 언급한 김 군과의 멘토링에서 실행한 것도 포함하려 한다. 이 멘토링은 《모리와 함께한 화요일》과 같은 방식으로 화요일에 진행해온 1대1 세미나이다. 그와 매주 한 번 만나지만 보통 3~4시간(사실상 3학점짜리 수업)씩 토론한다. 이 세미나는 경제, 경영, 역사, 기타 사회적 현안 이슈와 관련된 주제로 김 군의 경쟁력 강화를 위해 다양한 방법으로 운용하고 있다. 한 학기 16주 과정을 마치고도 이후 가끔씩 만나는 동안 벌써 30회를 넘어섰다.

나는 이러한 경험을 다른 청년들과도 공유하고 싶다. 세미나에 바로 참여하지 못하는 학생들은 혼자서 또는 동아리, 스터디 그룹 등을 활용해 연습해 볼 수 있다. 특히 작은 규모라도 스터디 모임을 통한 지속적인 반복 훈련을 권장하고 싶다. 혼자서라도 거울을 보며 연습하되 마음가짐이 가장 중요하다고 생각한다. 아래의 내용은 내가 실제 세미나와 개인적인 멘토링에서 활용했던 것 중에서 가장 중요하다고 생각되는 것들이다. 여러분의 실행 프로그램이라 생각하고 같이 이해 보자.

미치 앨봄의 《모리와 함께한 화요일》은 죽어 가는 스승과 제자 간에 실제 있었던 이야기이다. 브랜다이스 대학의 사회학 교수인 모리는 루게릭병이라는 희귀병에 걸려 몇 개월 시한부 인생에 직면해 있다. 모리 교수는 몇 달 남지 않은 시한부 삶에 고통스러워하며 절망하다가 차차 마음을 바꿔 남은 기간에 지나온 삶을 정리하고 인생의 단상을 기록하기로 결심한다. 죽음을 앞둔 그의 아포리즘은 많은 사람들의 관심을 끌며 당시 가장 인기 있던 ABC-TV의 토크 쇼 '나이트라인'에서 그의 이야기를 직접 다루게 된다. 1995년에 생방송으로 진행된 모리 교수와 테드 코펠과의 대담은 수백만 미국인들을 감동시킨다.

미치 앨봄은 우연히 이 방송을 보고 그동안 자기 생활에 바빠 18년 동안이나 잊고 지냈던 옛 스승을 회고한다. 마침내 앨봄은 브랜다이스 대학 시절 가장 존경하던 스승 모리 교수를 찾아간다. 그날부터 화요일마다 만나게 되고 모리 교수는 앨봄에게 생의 마지막 강의를 진행한다.

미치 앨봄이 정리한 그 마지막 강의의 기록이 《모리와 함께한 화요일》이다. ABC-TV에서 너무도 많은 사람들을 감동시켰던 모리 교수의 나이트라인 출연은 그가 죽기 직전까지 두 번 더 진행된다. 나중에 ABC-TV에서 영화로 제작되어 다시 경이적인 시청률을 기록한다. 정말 극적인 멘토링의 사례인 셈이다. 작가는 묻는다. "여러분들껜 혹시 이런 스승이 안 계십니까?"

01

지갑 속에는
돈보다 꿈을 담아라

■ ■ ■

자신의 꿈, 비전을 만들자

꿈과 비전은 뚜렷한 목표 의식을 만들어 주고 열심히 노력할 동기를 부여한다. 이것은 잠재된 열정을 깨워 결집시킨다. 마틴 루터 킹의 유명한 연설 "나에게는 꿈이 있습니다I have a dream!"를 들으면 누구라도 감동하며 동참하고자 하는 열정이 생긴다. 이 연설로 말미암아 1964년에 흑인과 백인의 인종차별을 없애는 시민법이 통과되고 마틴 루터 킹은 노벨평화상을 받게 된다. 꿈은 그렇게 자기 자신은 말할 것도 없고 다른 사람도 격동시키는 강력한 힘이 있다.

박지성은 11살에 '세계적인 축구 선수'가 되겠다는 꿈을 품는다. 그리고 그 꿈을 실현하기 위해 부단히 노력한다. 히딩크 감독은 "박지성처럼 뚜렷한 목표를 품고 노력한다면 꿈은 이루어진다."는 말로 박지성의 노력을 평가했다.[3] 빌 클린턴은 대학 시절에 대통령이 되겠다는 목표를 세웠다. 다음부터는 그 꿈을 목표로 차근차근 준비를 해서 마침내 미국 대통령이 된다. 반기문 유엔 사무총장은 고등학생 때 '훌륭한 외교관'이 되겠다는 꿈을 품었다. 그러고는 그 꿈을 이루기 위해 꾸준히 노력하여 마침내 최고의 목표를 달성한다.

대만의 프로 골프 선수 청야니는 열두 살 때부터 '골프의 여제'로 알려진 애니카 소렌스탐처럼 되겠다는 꿈을 키웠다. 20세에는 아예 미국 플로리다에 있는 소렌스탐의 집을 사서 생활하며 소렌스탐의 모든 것을 그대로 따라 했다. 소렌스탐이 우승 트로피로 가득 채웠을 진열대를 매일 보면서 언젠가는 내 우승 트로피로 여기를 가득 채우겠다는 목표를 세웠다. 이러한 뚜렷한 목표 의식이 그녀를 다른 선수와 차별화하여 세계 여자 프로 골프 메이저 대회에서 22세의 최연소 기록으로 4승을 달성하는 원동력이 되었다. 지금도 소렌스탐은 청야니의 멘토로서 조언을 해준다고 한다.

크게 성공하려면 원대한 목표를 세워야 한다Aim High!.

하버드 대학 교수가 행한 유명한 실험 결과가 있다. 졸업한 지 30년이 된 동기생들의 성공 여부를 조사해 보니 학창 시절에 인생의 목표를 정했던 사람이 그렇지 못한 사람보다 성공한 비율이 훨씬 더 높았다고 한다. 더구나 그 목표를 막연히 생각하는 것이 아니라 구체적으로 세워 확실하게 기록해 둔 사람의 성공 확률이 훨씬 더 높았다. 목표는 분명해야 하고 또 기록해 두어야 효과가 있다.

청년들에게 인생의 목표나 꿈이 무엇이냐고 물어 보면 대답을 잘 안 한다. '대기업 입사'라 하는 사람도 있으나 취업 자체가 꿈이 될 수는 없다. 남에게 밝히지 않으려는 경우도 있겠지만 아직 인생의 목표를 세우지 못한 사람이 대부분이다. 이제 목표를 정하려 한다는 이들도 많다. 더구나 자기의 꿈을 기록해 갖고 다니는 사람은 드물다. 20대에 꿈이나 비전이 없는 것은 목표도 없이 항해를 시작하려는 것과 같다. 목표도 없이 어디로 항해하려는가? 대개 그것을 차차 정해 가겠다고 한다.

나는 학생들에게 학기 초에 자기의 원대한 꿈을 만들고 적어서 그것을 지갑 속에 넣어 가지고 다니라 권고한다. 지갑에는 돈만 넣는 게 아니다.

'20대 청년들은 실수할 특권이 있다'고 생각한다. 학교에서나 직장에서도 20대가 열심히 하다가 실수하면 "아직 젊으니까. 아직 경험이 없으니까" 하며 실수한 것을 관대하게 이해해 준다. 그러나 그것도 30대 초반까지이다. 그 이후에는 "아직도 그런 20대 같은 실수를 하느냐"고 질책한다. 그러니 그런 특권을 가진 20대에 커다란 목표를 세우고 과감하게 시도를 해봐야 한다. 이때가 아니면 다시 기회는 오지 않는다.

나는 학생들에게 훗날 자기의 꿈을 이루고 나서 '자서전'을 쓰라고 권고한다. 자서전에는 이번 학기에 인생의 목표를 확실하게 세웠고 또 그것을 달성하기 위한 경쟁력을 갖추는 전기를 마련했다는 것을 꼭 언급하라고 말한다. 그러면 대개의 학생들은 20년 후에는 자기의 꿈을 이루고 성공 스토리를 자서전에 쓰겠다는 결심을 밝힌다. 그것도 공개적으로. 자서전도 중요하지만 그것을 쓰겠다는 결심이 더 중요하다. 이렇게 큰 꿈을 품고 꾸준히 실행해 나간다면 성공하게 되지 않겠는가?

매일경제신문과 한길리서치가 2011년 6월에 조사한 바에 따르면 부자를 꿈꾸는 20대가 크게 감소하고 있다고 한다.[4] 20대 중에서 부자가 될 수 있다는 긍정적인 전망을 하는 사람의 비율이 2010년의 63.7% 수준에서 2011년에는 46.4%로 떨어진 것으로 나타났다. 이 조사는 19세 이상 성인 1000명을 대상으로 조사한 것이다. 부자가 되는 게 꼭 최고의 꿈이라 할 수 없지만 우리 청년들의 미래에 대한 기대가 갈수록 줄어든다고 생각한다면 심각한 문제이다. 현실이 아무리 어렵더라도 청년은 미래에 대한 원대한 꿈을 만들고 키워 가야 한다.

학과 공부에도 분명한 실행 목표를 정하자

과목별로는 어떤 목표를 내세우는 것이 좋을까?

대학에서 경제학을 전공하고 졸업하면 사회에서 얼마만큼 경쟁력을 가지는가? (내가 경제학 교수이므로 경제학을 예로 들 뿐이다.) 경제학 전공자에게 취직 면접에서 또는, 직장에서 어떤 질문이 주어질까? "확장적 재정 정책과 통화 정책의 효과에 대해서 설명해 보라." 또는 "무차별곡선 이론과 소비자선택 이론이 무엇인가?" 하고 묻겠는가? 그보다는 "최근의 세계 금융 위기의 핵심 원인이 무엇이고 어떤 정책으로 대응해야 하는가?" 또는 "이러한 상황에서 기업이 어떤 대책으로 대응해야 한다고 생각하는가?" 등의 질문을 할 것 같다. 그러면 여러분은 얼마만큼 이런 질문에 답변할 준비가 되어 있는가?

'경제학 세미나'의 개강 첫날 첫 시간에 학생들에게 '3분 스피치'를 하게 하는데 이제 관행으로 정착되어 가고 있다. 학생들은 한 사람씩 단상으로 나가서 '한국 경제와 경제학'에 관한 자기의 생각을 3분간 자유롭게 말한다. 이 경제학 세미나는 3~4학년생 20~25명을 대상으로 하고 있어 이들은 이미 경제학 전공과목을 적어도 7~8개 정도는 수강한 학생들이다. 1차적으로는 스피치 경험 자체가 중요하므로 내용에 너무 구애받지 말고 '큰 소리로 또박또박 자신 있게' 말하는 데 중점을 두라고 한다. 3분 스피치는 강의 계획서에도 명시돼 있고 이미 몇 년째 계속해서 실천하고 있어 어느 정도 소문이 나 있다. 목적은 학생들에게 준비하지 않은 경우라도 사람들 앞에서 언제든지 말할 수 있는 능력을 키워주려는 것이다.

처음에는 대부분의 학생들이 어려워한다. 우선, 여러 사람 앞에서 즉석 스피치를 한다는 것 자체를 매우 부담스럽게 생각한다. 즉석 스피치는 누구에게나 결코 쉬운 일이 아니다. 더구나 한국 경제에 대해 자기 나름의 견해를 여러 사람들 앞에서 밝힌다는 것은 더욱 난감한 일이다. 그래서 많은 학생들이 변명조로 시작하는 경우가 많다.

"저는 경제학에 대해서 잘 모르고 더구나 한국 경제에 대해 아직 깊게 생각해 보지 못했습니다."

"저는 남 앞에서 발표를 잘하지 못하고 그런 경험도 거의 없었습니다."

나는 학생들에게 자신이 없어도 또 준비되지 않은 경우라도 가벼운 이야기로 시작해서 자기의 생각을 정리해 가며 말해 보라고 격려

한다. 이러한 과정에서 학생들은 스피치하는 데에 아주 빠른 속도로 익숙해진다. 다른 학생의 발표를 들으면서 스스로 배워가고 또 내가 지적하는 것에 유의하면서 발전하는 것이다. 경제에 관련된 자기의 경험을 예로 들며 재미있게 말하는 학생도 자주 눈에 띈다.

이런 상황을 지켜보면서 내가 느낀 점은 약간의 요령을 알려 주고 기회를 주면 학생들은 놀라운 적응력을 발휘한다는 것이다. 잘 못한다는 것은 그것을 해보거나 배운 경험이 없다는 의미일 뿐이다. 학생들이 언급하는 주제도 빈부 격차, 부동산, 물가, 경제 위기, 중소기업의 애로, 비정규직과 최저임금 등 다양하다. 현실 이슈에 대하여 관심을 갖고 있다는 의미이다.

나는 경제학 세미나의 목표를 '경제학도로서의 사회적 경쟁력 강화'라고 명확하게 제시한다. 즉, 토론식 수업을 통해 현실 경제문제를 분석하고 대안을 제시하는 데 경제 이론 활용하는 방법을 반복적으로 학습하게 하는 것이다. 그렇게 함으로써 문제 분석 능력과 대안 제시 능력을 강화하고, 경제학 이론을 체화시켜 개인의 사회적 경쟁력으로 만들려는 것이다. 팀별로 주제에 대한 자료 수집, 발표 자료 작성, 팀원 간의 의견 조정 등 팀워크와 커뮤니케이션 훈련을 하고 경제 이슈에 대한 자기 나름의 견해를 정립하여 보고서로 작성하고 발표, 토론하는 능력을 함양하는 것이다. 이렇게 뚜렷한 과목의 실행 목표를 정하고 학생들에게 반복적으로 각 단계의 학습 목표를 환기시킨다.

새로운 이론을 공부하는 것도 중요하겠지만 이미 배운 이론을 확실하게 자기의 것으로 만드는 것도 중요하다. 핵심 이론의 의미와 적용 방법을 확실하게 체득해야 비로소 언제든지 쓸 수 있는 자기의 무기가 된다. 기본 이론을 잘 익혀 두면 현실 문제를 분석하고 대안을 모색하는 데 활용할 수 있는 여지가 많을 것이다. 경제학에만 국한된 것이 아니라 모든 과목에 적용되리라 생각한다.

02

현실과 유리된 하드 스킬은
숨쉬지 못한다

■■■

하드 스킬: 사회에서 활용할 수 있는 지식과 기술

기업에서는 일류 대학을 나온 사람을 선호할까? 일류 대학을 나와야 회사에서 수행하는 일을 더 잘할 수 있기 때문인가? 정말 그런가?

종전에 기업에서는 대졸자들의 능력에 대한 개별적인 정보가 없고 또 이를 평가할 방법이 없었다. 그래서 학력이 그 사람의 지식과 기술을 대표하는 것으로 간주하여 좋은 대학을 나온 사람이 더 능력이 뛰어나다고 생각하곤 했다. 이것이 경제학의 신호signaling 이론이다. 일류 대학 출신을 선호하는 것은 대개 이들이 더 나은 지식과 기술을 갖추고 있고 지식의 활용 능력이 더 나을 것이라는 선입관에서 비롯된 것이다. 이제는 심층면접이나 적성검사 등 개인의 능력을 평가하는 방법들이 많이 개발되어 학력의 신호 기능은 많이 약화됐다. 갈수록 취업에서 출신 학교의 영향력은 줄어들 것이다.

대학을 졸업하고 취업해도 연구 부서 등 한정된 업무 외에는 학교에서 배운 지식이 그대로 활용되는 경우가 별로 없다. 기업에서 필요한 지식이나 기술은 그 기업에서 직무 교육이나 업무를 통해 배우는 것이 가장 일반적이다. 대기업에서도 신입 사원을 뽑아 그 기업에 필요한 자원으로 양성하려면 통상 2년 이상의 교육을 해야 한다고 한다. 그래서 학교에서 배우는 지식 자체를 유용한 것으로 생각하기보다 지식을 습득하는 과정에서 체득한 문제의 분석 능력, 해결 능력을 더 중요시한다. 즉, 축적되는 지식의 양과 깊이도 고려하겠지만 이러한 문제를 분석하고 해결하는 능력이 더 중요하다. 전공이 아닌 인문 교양 교육에 중점을 두는 미국 인문대학 출신들이 높은 대우를 받고 대기업에 스카우트되는 근거도 여기에서 찾을 수 있다.

유대인들은 지식은 반드시 지혜로 연결되어야 하고 실생활에서 응용할 수 있어야 제대로 된 지식이라 한다. 그들은 탈무드로 자녀 교육을 시키면서 지혜를 익히고 생활에 응용하도록 지도하는 일을 부모의 가장 중요한 역할로 여길 정도로 지혜를 중요시한다. 유대인 교육은 이런 원리에 기반하고 있어 많은 민족 중에서 가장 많은 노벨상 수상자를 낳고 각 부문에서 뛰어난 업적을 내는 창의적인 전문가를 배출하고 있다.

대학을 졸업하고 나면 출신 대학의 문제는 이제 자기 힘으로 바꿀 수 없는 여건이다. 이미 자기 힘으로 어쩔 수 없는 형식적인 학력 문제로 고민하기보다는 실질적인 실력, 즉 경쟁력을 강화하는 데 몰두해야 한다. 일단 취업을 하고 나면 학력은 그다지 중요하지 않다. 우리나라 대기업의 임원에 지방대 출신의 비율이 갈수록 늘어난다고 하는데, 이것만 봐도 예전과는 상황이 많이 달라졌다는 걸 알 수 있다.

재학 중에는 교양과 전공 공부를 열심히 해야 하지만 한 과목을 공부하더라도 그 과목에 맞는 자기 나름의 목표 의식을 갖고 공부하는 게 좋다. 이 과목을 통해서 '내가 무엇을 배울 것인가, 나의 어떤 경쟁력을 강화할 것인가?'를 생각하며 공부해야 한다. 사회에서 응용할 지혜를 배우겠다는 목표가 중요하다.

지식사회에서는 지식이 핵심 자원이며 이를 가진 지식 근로자가 가장 지배적인 주체가 된다. 피터 드러커는 지식 근로자들이 다음 두 가지 중요한 요건을 갖춰야 한다고 주장한다.[5] 첫째, 지식 관련 직업을 선택하여 그러한 일을 할 수 있게 해 주는 정규 학교 교육을 이수해야 한다. 둘째, 직업 생활의 전 기간에 걸쳐 지속적으로 최신 지식을 흡수하여 역량을 향상하기 위한 교육훈련을 계속해야 한다.

대학을 나와 자기 전공 분야의 일을 하는 사람은 첫 번째 요건은 이미 충족한 셈이다. 두 번째 요건은 졸업 후에도 지속적으로 교육훈련을 하며 지식을 쇄신하고 충전해야 가능하다. 졸업 후 사회에서의 경쟁력 강화 부분은 이 책 PART 3에서 다루는 과제이다. 이런 성격의 공부는 대학을 나온 이후의 문제이므로 어느 대학을 나왔느냐에 관계없이 누구나 지금부터 해야 할 일이다.

인문·상경계 출신은 과학기술에 관한 공부를 하고, 이공계 출신은 경제·경영 공부를 해야 한다. 감성과 창의력의 원천인 문·사·철 분야의 독서도 필요하다. 평생 학습과 교육을 열심히 하지 않으면 사회적으로 경쟁력 있는 지식 근로자가 되지 못한다. 지난 학력이 아니라 지금부터 하기에 따라 여러분이 일류 지식 근로자가 되느냐 그렇지 못하느냐가 결정된다.

분석력, 핵심 파악 능력의 개발

핵심과 인과관계를 파악한다

"일본 동북부 지역에 규모 9.0의 대지진이 발생하고 쓰나미로 많은 피해가 생겼다. 이럴 때 우리 회사는 어떻게 조치해야 할까?" 이러한 막연한 질문에 대한 보고서를 작성하는 것은 여러분이 취업하면 언제 어디에서나 부딪힐 상황이다. 제조업, 금융·보험업, 관광, 스포츠 등 거의 모든 분야에서 일본 대지진의 영향을 분석하고 자기 업종에 미치는 결과를 예측해야 할 것이다.

이렇게 지식·정보 사회에서 매일매일 쏟아져 나오는 수많은 정보를 분석하고 판단하는 능력은 갈수록 중요해지고 있다. 많은 사건과 자료, 정보 속에서 가장 핵심이 되는 요인이 무엇인지를 찾아내고 그 인과관계를 파악해야 한다. 한마디로 많은 자료 속에서 곁가지를 걷어내고 핵심을 파악하는 능력이 필요하며 그것이 나에게 또는 우리 회사에 어떤 의미가 있는지를 분석할 수 있는 안목이 요구된다.

책을 읽고 신문을 보면서 이러한 핵심 파악 능력을 길러 보자. 그러나 무조건 읽는 것보다는 효율적으로 읽는 독서 방법이 중요하다. 요새 청년들은 신문도 인터넷으로 읽는다. 그러나 이렇게 해서는 전체 속에서 그 기사의 비중과 의미를 읽는 능력이 생기지 않는다. 인터넷의 수많은 정보 중에서 핵심을 선택하고 분석하며 그것이 어떤 의미가 있는지 판단하는 능력을 갖추어야 한다.

요새는 대부분의 기업이나 단체의 홍보 부서에서 그 기관에 관련된 기사를 스크랩하여 구성원들에게 제공한다. 예를 들어 고용노동부에서는 노사문제·고용 등에 관련된 모든 신문이나 방송 기사를 스크랩한다. 그래서 매일 수십 개의 관련 기사 모음을 간편하게 읽게 된다. 이것만 읽어 보면 따로 신문을 보지 않더라도 소관 업무에 대한 보도 내용을 파악할 수 있다. 이것은 매우 큰 이점이다.

그런데 이 스크랩만 보는 습관이 생기면 작은 이슈도 과도하게 의미를 부여해 생각하는 경우가 생긴다. 신문 전체에서는 거의 눈에 띄지 않는 작은 기사(세상 사람들이 그다지 중요하게 생각하지 않을 수 있는 이슈)인데도 그것을 따로 스크랩하면 당연히 부각되고 관심을 끌게 되기 때문이다. 전체 속에서의 그 기사 비중을 잘못 판단할 수 있는 것이다. 그래서 스크랩만 보지 말고 신문 전체를 보면서 전체 속에서 그 기사의 위상을 살펴보는 습관이 매우 중요하다.

다음과 같이 신문을 읽어 보자. 넓은 테이블 위에 신문을 쫙 펼쳐놓고 일어서서 죽죽 넘기며 오늘은 주요 기사가 어떤 게 있는지 먼저 살펴본다. 1면부터 차례로 큰 기사의 제목과 기사의 크기·위치 등을 살펴보고 가장 관심이 가는 기사, 가장 중요한 기사가 무엇인지를 생각해 본다. 이것이 지난 하루의 세상 돌아가는 사정이다. 그런 다음 다시 1면으로 돌아가 자기가 관심 있고 중요하다고 생각하는 기사를 읽는다. 그래야 그 기사가 전체 기사 중에서 차지하는 우선순위나 비중을 알 수 있다. 이것은 어제 시점에서 세상이 돌아가는 전체 정세를 한꺼번에 살펴보고 가장 의미 있는 것을 찾아내고 그 사건이 갖는 의미를 분석해 보는 훈련이다.

세미나 중에 M 군이 이 방법에 대하여 이의를 제기했다. "신문은 결국 신문 편집자가 자기의 가치판단에 따라 편집해 놓은 것인데 그것을 그대로 받아들여 읽기보다는 인터넷에서 여러 기사를 보면서 자기 스스로 중요 기사를 선별하고 중요도를 판단하는 게 더 낫지 않겠습니까?" 일리는 있지만 아직 대학생 수준에서는 정보 부족과 판단 능력의 문제로 그렇게 하기는 어려울 것이다. 그보다는 우선 신문을 있는 그대로 보면서 다른 사람의 판단을 평가해 보고 자기 나름의 논리를 추가하고 조정하는 훈련을 하는 게 더 현명하다고 생각한다.

핵심 파악 능력은 어떤 사실을 세세히 아는 것보다는 전체에서 그 사안이 갖는 비중과 위치, 의미 등을 파악할 수 있게 한다는 점에서 더 중요하다. 지금 어디까지 갔느냐고 물을 때 "저는 지금 천안삼거리 부근을 지나고 있습니다."는 식의 답변은 전체와의 연결이 부족하다. "현재 천안까지 왔는데 이것은 서울에서 부산까지 가는 일정에서 20% 정도 온 것입니다."라고 해야 전체 속에서의 의미와 비중을 확인할 수 있다.

어떤 사건에 대한 자세한 내용은 언제든지 확인해 볼 수 있으나 전체의 맥락에서 그 사건이 어떤 비중을 차지하며 사회적 의미가 무엇인지를 파악하는 통찰력은 훈련을 통해서 갖추지 않으면 안 된다. 기업이나 조직에서 리더로 클 사람에게 요구하는 것은 이러한 능력이지 언제든지 누구나 인터넷 등에서 확인할 수 있는 단순한 세부 정보가 아니다. 백과사전식으로 자세한 정보를 많이 안다 해서 리더로서의 능력이 입증되는 것은 아니다.

독서법 훈련

독서를 할 때에도 대뜸 처음부터 정독해 가는 것은 좋은 습관이 아니다. 학생들과 같이 논의했던 다음과 같은 독서법을 한번 시도해 보자.

우선 1단계로 목차와 서문을 보고 나서 책 전체를 빠른 속도로 죽 넘겨 가며 주로 어떤 내용인지, 어떤 특징이 있는지, 전체의 줄거리는 무엇인지 등을 가볍게 알아본다. 이것은 읽는다는 것보다 넘겨 가며 그냥 훑어보는 정도이다. 이것을 훑어보기skimming 독서법이라고 한다. 이것만 가지고도 그 책에 대한 대강의 내용, 핵심 주제를 짐작할 수 있어 얻는 게 있다.

다음 2단계에서는 빠른 속도로 넘겨 가며 특히 관심 있거나 저자의 핵심 아이디어라고 생각하는 부분을 본격적으로 읽기 시작한다. 연필을 들고 읽으면서 필요한 부분에는 표시를 해 두고 나중에 다시 읽거나 참고할 수 있게 한다. 이렇게 1단계에 30분 정도, 2단계에 1~2시간을 투자하면 어지간한 책을 대강 읽을 수 있다. 이 방법은 짧은 시간에 저자가 그 책에서 주장하고자 하는 핵심 논리와 의미를 파악하는 데 유용하다. 세부적인 디테일에 얽매이지 말고 저자의 핵심 메시지가 무엇인지 파악하는 데 중점을 두라는 것이다.

이렇게 1주일에 최소 2시간 정도를 내어 새로운 책을 계속 읽어 간다면 엄청나게 많은 정보를 얻을 수 있을 것이다. 지식·정보사회에 살면서 이렇게 빨리 독서하는 법을 익히지 않으면 경쟁에서 밀리기 쉽다. 많은 독서를 해야 창의적인 아이디어도 생길 것이다.

한편 전문적이거나 중요한 책은 3단계로 독서를 한다. 3단계에서는 앞 단계에서 표시한 부분을 메모해 가면서 더 자세히 읽을 수 있다. 나는 처음 읽는 데 많은 시간을 투자하는 것보다 가급적 여러 번 책을 넘겨 가며 읽음으로써 큰 틀을 먼저 파악하고, 다음에 전체적인 논리 체계하에서 핵심 아이디어를 이해해 가는 방법을 선호한다. 한 번보다는 두 번, 두 번보다는 세 번 읽는 게 더 효과적이다. 중요한 부분을 선택해 집중적으로 읽으면 기억에 더 오래 남는다.

요점만 정리해 놓은 독서 다이제스트 같은 것으로 책 읽는 것을 대신하려는 것은 좋지 않다. 이것은 신문 스크랩만 보고 신문을 다 보았다고 하는 것과 마찬가지이다. 다른 사람이 편집해 둔 스크랩은 그 사람의 눈으로 이해하고 편집한 것이어서 전체를 보는 시각, 분석력 등이 생길 수 없다. 청년들에게는 권할 방법이 아니다.

경제학 세미나 중간에 경제·경영 관련 책을 10권쯤 소개하고 학생들에게 자기가 좋아하는 책을 골라 읽고 간단한 독후감을 써 내도록 한다. 이 과제는 독서, 핵심 파악, 글쓰기 및 발표에 관한 훈련이다. 이 과정에서 위와 같은 독서법도 알려준다. 우리나라 청소년들은 책을 읽으라는 말만 들었지 제대로 된 독서법을 배운 적이 별로 없다. 중요한 것은 아주 빠른 속도로 책을 넘겨 가면서 전체의 줄거리와 논리 체계, 저자의 핵심 주장을 파악하는 것이다.

2~3시간 동안 책 한 권의 내용을 파악하는 훈련을 해야 쏟아지는 정보와 지식을 습득하며 경쟁력을 강화할 수 있을 것이다. 이렇게 하면 1주일에 책 한 권씩 읽는 것도 무리한 일이 아니다. 학생들은 속독해야 할 책과 정독해야 할 책을 구분하지 않는다. 모든 책을 정독하려

해서는 많은 책을 읽을 수 없고 읽고 나서도 핵심을 잘 이해하지 못한다. 모든 책을 속독하려는 것도 옳은 방법은 아니다. 그래서 속독으로 핵심을 파악한 후 정독할지 또 어느 부분을 정독할지 결정하는 것이다. 이런 독서법 훈련은 여러분의 통찰력·분석력을 점점 높여 줄 것이다.

고시 공부를 할 때도 이런 독서법은 내게 매우 효과적이었다. 행정학이나 행정법은 내 전공과목이 아니었다. 캠퍼스가 단과대학별로 따로 있었던 당시에는 상과대학에서 이런 과목을 수강하는 게 어려웠다. 그래서 혼자 독학할 수밖에 없는 상황이었다. 행정학 교과서를 보면 500쪽이 넘는 분량에 용어도 생소하고 내용도 난해해 비전공자가 이해하기가 정말 어려웠다. 그래서 이런 책은 처음부터 전 페이지를 끝까지 넘겨 가며 주로 어떤 내용들인지, 어떤 용어들이 사용되는지 등을 살펴본다. 이것이 1단계이다. 그 다음에는 소설책 읽듯이 빠른 속도로 죽 훑어본다. 그러면 용어에도 어느 정도 익숙해지고 큰 틀이 대체로 그려진다. 이 과정에서는 이해되지 않는 세부 사항이 있어도 크게 신경 쓰지 않는다. 이것이 2단계이다.

다음 3단계에서는 자세히 읽는다. 그러면서 스스로에게 말한다. "그래도 명색이 세 번째인데 이제는 이해해야지." 다음에 네 번째 읽기를 하면서 중요한 부분에 줄을 긋거나 표시를 하고 다른 부분과의 관계에도 신경 쓴다. 다섯 번째 읽기에는 교과서를 내 기준에 맞게 개조한다. 꼭 중요하다고 생각되는 핵심 부분에 표시하고 덜 중요하거나 중복되는 부분은 X표를 한다. 다른 장절에서도 관련 있는 부분은 옮겨와 함께 메모해 둔다.

이렇게 하면 논문식 고시 공부에 필요한 나만의 서브 노트가 완성되는 셈이다. 이것은 나의 논리와 체계대로 작성한 내 것이고 다른 사람 것과는 다르다. 어차피 시험에서는 내가 이해한 것만 가지고 내 나름의 논리 체계로 답을 쓸 수밖에 없다. 그래서 미리 공부 단계에서 그렇게 만들어 두자는 것이다. 다음부터는 이렇게 정리한 부분만 읽어 가면 시간이 대폭 단축되면서 전체의 논리 체계에서 현재 항목의 비중과 의미를 이해할 수 있다.

고시뿐 아니라 주관식으로 서술하거나 발표해야 하는 시험에서 이렇게 서브 노트를 활용해 자기의 논리 체계를 세우고 공부하면 어떤 문제가 주어지든지 자기 나름의 견해를 논리 정연하게 표현할 수 있다. 책에서 공부한 여러 이론을 평소에 서로 연결하고 조합하는 훈련을 하기 때문에 이제 그것을 말이나 글로 표현하면 된다. 완성도를 높여 가는 것은 다음 단계에서 할 일이다.

문제 해결과 이론 활용 능력

이론을 현실 문제에 활용하는 것이 관건이다

'경제학 세미나'에서 나는 학생들에게 어떤 주제에서도 항상 '경제학적인 의미'와 '정책적 시사점'을 찾도록 요구한다. 단순한 자료 수집 정리가 아니라 자기 나름의 논리와 체계로 분석하고 경제학적 의미를 찾아보는 훈련을 하게 하는 것이다. 예를 들면 "이번 달에 농수산물 가격이 많이 올랐다."고 하면 그 사실이 갖는 경제학적인 의미, 어떤 경제 이론이 적용되는지와 그에 따른 정책적 시사점을 학생들이 생각해 보게 한다. 이런 내용은 어디에서 쉽게 찾아 베낄 수 없는 것이기 때문에 학생들 스스로 토론을 통해서 그 의미를 찾아보는 노력을 해야만 한다.

그러면 학생들은 "나는 그 사건에 이런 경제적 의미가 있다고 생각해. 그래서 이런 대책이 필요하다고 봐." 하는 식으로 반응하게 된다. 여러 차례의 반복 훈련을 통해 학생들로 하여금 그것이 경제학적으로 또는 정책적으로 어떤 의미가 있는지를 생각해 보게 만드는 것이 중요하다.

현실에서 갖는 의미를 모른 채 많은 이론을 외워 둔다면 그것을 어디에 활용할 수 있을까? 의미를 모르는 이론은 자기 것이 되지 못하고 금방 잊혀 진다. 어떤 주제를 다루더라도 그것이 갖는 의미가 무엇인지를 생각하게 하면 문제의 핵심을 이해하고 해결 방안을 찾을 수 있다. 그런 과정을 통해 그 주제는 '남의 것'이 아닌 '자기의 문제'가 되고 비로소 관련 지식이 확실한 자기의 경쟁력으로 자리 잡게 된다. 직장에서도 자기가 하는 일의 의미, 또는 자기 회사의 사회적 위치·의미를 이해해야 더 잘할 수 있는 길을 찾게 된다.

P라는 학생이 있었다. 그는 그동안 어머니한테 자주 핀잔을 받았다고 한다. "너는 명색이 경제학 전공인데 왜 현실 문제에 대해 나보다 더 모르느냐?" 그의 어머니는 주식 투자 등 재테크에 관심이 많아 경제신문을 매일 열심히 읽고 분석해 P보다 경제 상식이나 분석 능력이 더 좋았다고 한다. 그러니 어떤 현실 경제 이슈에 대해 토론하면 P의 실력이 밀리는 것이다. 그러다 학기 말에 와서 이제는 상황이 역전됐

다고 보고한다. 자기의 경제학 논리가 더 발전해 어머니도 인정할 수밖에 없단다. 경제학 이론이 갑자기 늘어난 게 아니라 알고 있던 이론을 활용하여 현실에 적용하는 능력이 향상된 것이다. 또 논리적으로 분석하고 문제의 핵심을 찾아내는 능력이 커졌다는 의미일 것이다.

또 그는 매주 세미나가 끝나면 여자 친구에게 세미나에서 논의한 경제학 논리 적용 사례를 쉽게 이야기해 줬다고 한다. 현실 이슈를 쉬운 용어와 논리로 설명하니 음악을 전공하는 여자 친구도 "아! 경제학이 이렇게 쓸모가 있구나." 하면서 매우 재미있어 한다는 것이다. 그런데 학기가 끝나니 여자 친구가 왜 이제는 경제학 이야기를 더 해주지 않느냐고 하더란다. 그러니 이제부터는 혼자서라도 경제 공부를 열심히 해서 대화 거리를 찾아야겠다고 한다.

P의 경우처럼 이론은 현실 문제에 활용될 때 자기의 실력으로 체화되고 다른 상황에도 쉽게 적용될 수 있다. 그래서 교육훈련을 통해 습득한 이론을 반복적으로 현실 상황에 적용해 보는 습관이 필요하다.

내가 1980년대 초반 미국에서 경제학 대학원 과정을 공부할 때 한 거시경제학 교수는 '미국경제학회'에서 발표할 내용의 논문을 써내라고 요구했다. 졸업논문이 아니라 한 학기 말까지의 과제이다. 물론 미국경제학회에 실제 제출하는 것은 아니다. 그러나 밀튼 프리드만이나 폴 사무엘슨 등 대학자가 참석하는 경제학회에서 미국 경제의 현실을 분석하고 정책 대안을 제시하는 내용의 논문을 쓰라는 요구는 우리에게 엄청난 부담으로 다가왔다.

게다가 학기 중에 우리가 공부했던 수많은 논문을 최대한 많이 인용하라니, 더 큰 부담 거리였다. 현실 이슈를 분석하는 데 수업 중에 배우는 학술 논문을 적용하는 것은 당연하지만 실제로는 매우 어렵다. 여러 전제 조건하에서 경제 이론의 한 부분에 대해 수학적이거나 계량경제학적인 분석 방법을 다루는 논문들이 현실 이슈를 분석하는 데 도대체 어떻게 활용된다는 것인지 막연했다.

수업 중에 교수는 학술 논문마다 그것이 경제 이론 발달에 기여한 사항을 간단히 설명하고 넘어갔다. 그것이 핵심이다. 우리는 논문 하나하나에 대하여 그것을 모두 이해하려고 많은 시간을 소비하는데 교수가 요구하는 것은 그 논문이 학계 연구에 기여한 사항이 무엇인지에 주목하라는 것, 즉 그 논문이 갖는 핵심적인 의의를 찾아보라는 것이었다. 이렇게 공부해야 많은 이론을 배우면서 그 이론을 현실에 적용하는 방법도 배울 수 있다.

남한과 북한의 경제력 격차가 확대된 원인은 무엇인가? 왜 산업혁명이 스페인이나 중국이 아닌 영국에서 일어났을까? 두바이가 단기간 내에 급속한 경제성장을 달성한 요인은 무엇인가(국제 금융 위기 이후 두바이의 성장 지속 여부에 대한 논란이 있지만)? 이런 질문에는 대개 상식적인 답변을 한다. 그러면 '경제학 세미나' 시간답게 그것을 여러분이 그동안 배운 경제성장 이론의 틀로 설명해보라고 하면 당황해한다. 이론과 현실이 꼭 같은 것은 아니기 때문에 이론 공부를 많이 한 학생들도 이런 현실 문제에 경제학 이론을 활용하는 게 쉽지 않기 때문이다.

왜 경제학 이론으로 현실 문제를 설명하기 어려울까?

이렇게 할 수 없다면 몇 년에 걸쳐 공부한 경제학 이론은 자기의 진정한 실력, 경쟁력이 되지 못한다. 경제학 이론이 완전한가, 불완전한가 하는 이슈는 여기에서 논의의 핵심이 아니다. 모델이 불완전하더라도 그 모델의 핵심 의미를 제대로 알고 있다면 모델에서 변화가 없이 일정하다고 가정했던 전제 조건(예: 정치적·경제적 제도 등)을 하나하나 완화해 가면서 자기 나름의 논리를 전개할 수 있어야 한다.

성장 이론의 세부 내용을 자세히 이해하려 노력하는 것보다도 큰 틀에서 그 이론이 의미하는 바가 무엇이고 전제 조건과 한계 등을 이해하는 게 더 중요하다. 그러고 나서 그 이론을 활용하는 훈련을 해야 한다. 나는 이런 훈련이 학생들에게 꼭 필요하다고 생각한다. 학교에서 기회가 없으면 혼자서라도 시도해 실력을 기르는 게 좋다.

인문학은 통찰력·창의력 향상의 원천

요새는 인문학에 대한 관심이 붐을 이루고 있다. 인문학humanities은 인간의 본성, 언어, 사고, 문화를 연구하는 학문이고 주로 문·사·철 文·史·哲, 즉 문학, 역사 및 철학을 포함한다. 미국에는 인문학을 위주로 교육하는 명문 대학이 많다. 윌리엄스 대학Williams College, 애머스트 대학Amherst College 등의 인문대학liberal arts college은 소수의 학생을 선발해 인문 과목 위주의 교육을 하는 대학이다. 세계적인 명성을 얻고 있는 이런 대학들은 하버드대학보다 입학이 쉽지 않고 졸업하면 특출한 역량으로 인하여 졸업생들이 최고의 대우를 받는 대학이다. 이것이 인문학의 강점이다.

어떻게 이런 일이 가능할까? 인문 중심 대학은 기업의 업무에 직접 활용되는 전문적인 지식·기술을 가르치는 것보다 인문 교양과 과학을 가르치는 데 집중한다. 이러한 학문을 통해 학생들이 전체를 꿰뚫는 핵심을 파악하고 그 의미나 우선순위를 정확하게 파악할 수 있는 능력을 길러 주기 때문이다. 이 과정에서 통찰력과 창의력이 향상된다. 인간의 본성을 파악하고 사회에서의 행태를 이해하게 된다. 사회에서 활동하는 데 필요한 근본적인 경쟁력을 길러 주는 것이다. 이런 대학은 교수와 학생 수를 아주 낮은 비율로 유지하며 토론식 수업, 발표식 수업 위주로 운용한다. 그러다 보니 학생들의 논리 정립과 글쓰기를 1대1로 지도할 수 있다.

우리나라 대학들은 산업체의 수요에 맞는 교육을 해야 한다고 해서 교과 과정과 교육 방법 등을 기업의 업무 수행에 필요한 내용 위주로 바꾸려 노력 중이다. 학과 명칭도 휴대폰공학과, 자동차공학과라든지 부동산경제학과 등 특정 분야 중심으로 개설해 전문교육을 하려 노력 중이다. 이러한 실천적 대학 교육은 미국의 영향을 많이 받았지만 미국에는 아직 순수 인문 교양 위주의 교육을 하는 대학이 있고 이런 대학들이 최고의 명문으로 꼽히고 있다. 실용을 강조하는 미국의 대학 교육에서 실용이 아닌 근본 학문을 강조하는 대학이 경쟁력을 갖는다는 사실은 많은 것을 시사해 준다.

기업의 업무에 필요한 지식과 기술의 하드 스킬을 갖춘 사람은 입사 초기에 이를 갖추지 못한 동료에 비해 다소 유리하다. 그러나 그 비교우위가 얼마나 갈까? 어차피 기업에서 업무에 필요한 하드 스킬은 업무를 통해 익히게 된다. 미리 약간의 지식을 갖고 있다는 장점의 약효는 오래 가지 않는다. 빨리 배우는 능력, 핵심을 파악하는 능력,

문제를 해결하는 능력 등 근본 실력이 강한 사람이 시간이 갈수록 훨씬 빛을 발한다. 미국 기업의 CEO 중에 인문학을 전공한 사람의 비율이 상당히 높다는 것은 그 중요한 지표이다.

우리나라 실정에서는 대학 교육을 이런 식으로 바꿔 운영하는 게 현실적으로 어렵다. 그렇기 때문에 학생들 스스로 인문대학의 강점을 보완하기 위해 노력해야 한다. 이를 위해 가장 중요한 게 핵심을 파악하는 능력, 통찰력이라 생각한다. 문제의식을 갖고 매일매일 신문을 읽고 독서할 때부터 노력해 보자. 신문을 읽을 때도 이런 목적의식을 갖는 게 좋다.

구글의 어느 부사장이 스탠포드대학의 강연에서 "이제 IT 전문 개발자도 칸트를 읽어야만 하는 시대가 됐다."고 말했다.[6] IT 산업에서도 이제는 기술적 지식보다 인문학적·윤리적 판단과 통찰력이 더 필요하다는 의미이다. 크게 성공하려는 꿈이 있는 청년이라면 지금부터 꾸준히 고전을 읽는 습관을 기르자.

감성과 창의력의 함양

애플 신화의 핵심은 감성적인 디자인과 손안으로 모든 디지털 도구를 모으는 스마트한 아이디어이다. 스티브 잡스의 신제품 발표회는 청바지에 검정색 티셔츠, 운동화 등 캐주얼해 보이지만 고객의 감동을 초래하도록 고도로 연출된 방법을 사용한다고 한다. 애플은 제조 시설을 직접 갖고 있지도 않다. 첨단 제조 기술을 가진 기업보다도 감성과 창의적인 아이디어를 가진 기업이 경쟁 우위를 더 갖게 된 것이다. 개인도 감성과 창의력을 가져야 경쟁력이 있는 시대다. 다 아는 사실이지만 문제는 어떻게 이를 실현하느냐이다.

미국의 미래학자 다니엘 핑크는 앞으로 세계는 좌뇌형보다 우뇌형 인간의 시대가 될 것이라 진단한다. 저서 《새로운 미래가 온다A Whole New Mind》(2005)에서 밝힌 좌뇌형 인간은 분석적 순차적 세부적이며 추상적인 성격이 강하다. 반면에 우뇌형 인간은 통합적 동시적이며 구체적 감성적인 성향이 강하다. 앞으로 세계는 기술과 정보에 바탕을 둔 '하이 테크High Tech' 시대보다 감성과 통합의 '하이 콘셉트High Concept'의 시대이며 이는 주로 우뇌형 영역에 가깝다고 본다.

그래서 그는 미래 하이 콘셉트 시대의 인재가 갖추어야 할 요건으로 6가지를 제안한다. 기능보다 디자인, 단순 주장보다 스토리, 분석·세분화보다 조화·통합, 논리보다 공감, 진지한 것보다 즐거움·놀이, 가치와 의미 부여가 그것들이다. 다니엘 핑크가 제안하는 하이 콘셉트 시대에서는 기계나 컴퓨터로 대체할 수 없는 인간만의 감성과 창의적인 능력이 더 중요해질 것이다. 결국, 사회에서 이러한 우뇌형 역량을 가진 사람의 경쟁력이 커진다는 것을 의미한다. 이런 분석은 우리가 경쟁력을 강화할 때 어떤 분야의 훈련을 해야 하는지 그 방향을 제시해 준다.

충남의 자동차 부품 제조 H기업의 연구소에는 '감성센터'가 있다. 그 안에는 다시 '청각연구실, 미각연구실, 후각연구실, 촉각연구실' 등이 있다. 청각연구실에서는 어떤 '소리'가 소비자의 감성 만족을 최대화할까를 연구한다. 종전에는 자동차의 소음을 없애는 게 핵심이었으나 이제는 더 나아가 소비자에게 심리적 안정감, 만족감을 주는 소리를 찾아 만들어 낸다. 후각연구실도 마찬가지로 냄새를 없애는 데 치중하지 않고 더 나아가 여러 가지 향기를 만들어 보면서 소비자가 가장 만족할 만한 향기를 찾아낸다. 이러한 능력을 학교에서 배우기는 어렵다. 결국, 기업이나 개인이 노력해서 감성적 창의력을 길러야 한다.

프랑스 과학 소설가 베르나르 베르베르는 우리나라에서도 매우 인기 있는 작가이다. 그는 잡지사 과학 기자로 일하면서 취재한 과학 연구 결과를 바탕으로 《개미》, 《뇌》, 《나무》, 《파피용》 등 창의력이 넘치는 작품을 많이 발표했다.

그의 소설 《뇌》에서는 온몸이 마비된 환자가 뇌의 힘으로 눈동자를 깜박거려 인터넷을 검색하고 사람들을 조종하는 이야기가 나온다. 베르베르의 2002년 작품인데 그의 창의적인 상상대로 최근에는 뇌에 전극을 심어 그 전기신호로 기계나 컴퓨터를 조작하는 일도 가능해졌다. 그는 작가로서 늘 독자들에게 기쁨을 주어야 한다고 생각한다. 그래서 때로는 현실을 뛰어넘기도 한다. 사람은 우리가 생각하는 것보다 훨씬 더 창의적인 능력을 갖고 있으므로 누구든 시도하면 된다고 베르베르는 말한다.[7]

미국의 국가 과학기술 위원회 나노 분과 위원장 미하일 로크 박사는 2010년 한국에 와서 "한국의 과학기술은 짧은 시간에 놀랍게 발전했지만 무언가 인간적인 차원이 부족하다. 과학기술 연구도 인간과 삶의 질에 더 관심을 가져야 한다."고 조언했다.[8] 과학기술을 활용함에 있어 너무 기술적, 비인간적으로 접근한다는 지적이리라.

그는 앞으로 나노기술 NT는 IT, BT 등 여러 첨단 기술을 융합하는 플랫폼과 촉매 역할을 하며 혁명적인 변화를 일으킬 것이라는 전망을 전하기 위해 왔다. 그 와중에 서울과 파리를 비교하면서 서울의 한강변에서 높은 빌딩은 많이 볼 수 있어도 파리처럼 멋진 작은 식당이나 서점은 찾기 어렵더라는 경험을 전했다. 나노 과학자도 인문학적 사고를 강조한다.

감성과 창의력을 단기간에 키우는 건 불가능에 가깝다. 그래서 나는 여러분의 미래를 염두에 두고 그 중요성을 강조하면서 점진적으로 이를 키우는 요령을 알려주려는 것이다.

경제학 교수가 창의력과 감성을 기르기 위해서 문·사·철을 공부해야 한다고 강조하는 것은 매우 의미가 있다고 생각한다. 수업 시간에 유명 시인이나 화가의 특출한 창의성이 돋보이는 작품을 감상하게 하는 것, 예술가의 철철 넘치는 감성을 경험해 보게 하는 것, 그런 책을 선정해서 추천하는 것들은 인문학적인 자질을 키우는 교육이다. 여기에 경제학 교수까지 나서서 감성과 창의력이 중요하다고 강조하면 학생들에게 좀 더 자극을 주지 않을까?

성경과 그리스·로마 신화, 삼국지, 서유기, 수호지 등의 고전들이 스토리와 창의적 아이디어의 훌륭한 원천이 되고 있다. 시인이나 미술가의 특출한 감성적 상상력을 자주 대하면 그 만큼 우리의 상상력도 향상되지 않을까? 학창 시절에 인문학과 예술에 관심을 갖는다면 그것은 성공을 위한 평생의 자산이 될 것이다. 이를 공부라고 생각하면 스트레스지만 그냥 재미로 교양을 넓힌다는 마음으로 접하고 익힌다면 어떨까?

03

훌륭한 소프트 스킬은
청춘의 날개다

■■■

프로로 성공할 자질을 갖추자

열정과 자부심이 첫째 요건

경제학을 공부하는 학생에게 "경제학이 재미있느냐?"고 물어본다.

"글쎄요. 너무 이론적이고 딱딱해서 별로 재미없어요."라는 학생도
있다.

경제학은 정말 쓸모도 많고 또 실용적인 학문 중의 하나인데, 왜 그
렇게 생각할까?

한편, 직장에 다니는 사람에게도 물어본다.

"요즘 바쁘나? 무슨 일을 하지? 하는 일은 재미있어?"

"하나도 바쁘지 않아요. 그냥 시시한 일을 해요."

"이런 일을 왜 하는지 모르겠어요. 재미도 없고 따분해요."

이런 사람이 의외로 많다. 자기 일에 대해 자부심이 없는 사람이 많은 것이다. 자기가 하는 일이 시시하다고 하는 사람이 성공할 수 있을까? 어떤 사람은 밖에 나가서 자기가 다니는 회사를 형편없는 회사라고 폄하하고 직장 상사를 무능한 사람이라 욕하는 경우도 있다. 이런 사람에게 자존심이 있을까? 자기 상사를 한심하다고 욕하고 헐뜯으면 자기의 가치가 올라갈까? 남들이 보기에 '그런 사람 밑에서 일하는 너는 더 한심하구나.' 라고 생각하지 않을까?

자기가 맡은 일이 시시해 보인다면 그 일을 더 중요하고 근사하게 만들면 되지 않을까? 생각해 보면 얼마든지 자기가 하기에 달려 있고, 사소한 일에서 성공 여부가 결정되는 법이다. 누구나 중요한 일을 맡게 되면 그때 자기의 역량을 다해 잘해 보겠다고 생각한다. 그래서 평소의 일은 대충하면서 그런 기회가 오기만 기다린다. 그러나 사소한 일에 소홀한 사람에게는 큰일 자체가 주어지지 않는다.

예수님께서도 말씀하셨다.

아주 작은 일에 성실한 사람은 큰일에도 성실하고, 아주 작은 일에 불의한 사람은 큰일에도 불의하다.(루가복음 16:10)

사소한 일에도 최선을 다해야 한다. 오히려 사소한 일에 기회가 있다. 그 일이 사소한 게 아니라 일하는 방법이 너무 평범한 게 아닐까? 사소한 일에서 의미를 찾고 가치 있는 중요한 일로 만드는 게 능력이다. 사소한 일을 잘 처리하지 못하면 더 중요한 일을 할 기회도 생기지 않고 또 기회가 온다 해도 경험이 없어 잘하지도 못할 것이다.

건설 공사장에서 세 사람의 목수가 열심히 땀 흘리며 일하고 있다. 세 사람에게 지금 무슨 일을 하고 있느냐고 물어본다.

〈목수 1〉: 나는 지금 나무를 깎고 있습니다.
〈목수 2〉: 나는 지금 나무를 깎아 문짝을 짜고 있습니다.
〈목수 3〉: 나는 지금 나무를 깎아 박물관을 짓고 있습니다.

세 사람이 똑같은 일을 하고 있지만 각기 일하는 자세가 다르다. 답변의 차이는 크지 않지만 그 의미와 내용은 매우 다르다. 〈목수 1〉은 임금을 받고 일하는 단순한 노동자로서의 자세만 보인다. 〈목수 2〉는 자기가 하는 일의 의미를 알고는 있지만 시야가 좁다. 〈목수 3〉은 자기가 하는 일의 의미를 큰 틀(박물관을 짓는다는 것)에서도 알고 있고 그래서 자기의 일에 자부심을 가진 노동자이다.

이러한 차이는 작아 보이지만 사람들 사이에 분명히 존재한다. 뒤집어 말하면 각자의 일에 대한 자부심의 차이에서 그 사람이 어떻게 일에 임하는지 자세가 결정된다는 것이다. 자부심이 있는 사람은 자기 일에 열정을 갖게 되고 그것이 더 큰 차이를 유발한다. 지금은 비록 같은 장소에서 같은 일을 하고 있지만 자부심을 갖는 사람과 그렇지 않은 사람 간에는 시간이 갈수록 일에 대한 열정과 그 성과에서 차이가 더 크게 벌어진다. 이 사례는 많이 인용되지만 출처는 확실하지 않다. 그러나 우리에게 주는 메시지는 매우 강력하다. 학생이건 직장인이건 자부심이 없는 사람은 자기 일을 제대로 해내지 못하고 성공하기 어려울 것이다.

열정으로 눈빛에 광채를!

강렬한 목표 의식과 열정이 있는 사람은 눈에서 빛이 난다. 그래서 사람을 평가할 때 우선 눈을 보게 된다. 열정과 집념이 있는 사람은 눈빛에 광채가 있다. 눈이 반짝반짝 빛나게 된다. 말과 표정에도 열정이 실려 있고 그야말로 '열기'가 느껴진다. 기업에서 면접시험을 치를 때도 열정과 자부심이 있는 사람을 가장 높은 순위로 채용한다. 면접 위원을 오래한 어떤 대기업 임원은 30초 정도만 관찰하면 후보자의 합격 여부를 결정할 수 있다고 말한다. 눈빛과 표정, 말투에 그 사람의 열정과 자부심이 다 나타난다는 것이다.

내가 기억하는 가장 강렬한 눈빛을 보여 준 배우가 찰턴 헤스턴이다. 1959년 윌리엄 와일러가 감독한 영화 〈벤허〉는 영화사에 남는 명작이다. 이 영화에는 전차 경기 장면, 기독교 신앙, 로맨스, 복수와 용서 등 드라마틱한 요소를 두루 갖추고 있다. 그중에서도 찰턴 헤스턴이 연기한 주인공 벤 허의 강렬한 눈빛은 평생 잊지 못할 감동을 준다.

벤 허가 체포되어 로마 해군 갤리선에서 노를 젓는 노예로 강제 노역을 하고 있을 때 새로운 로마 해군 제독이 부임해 온다. 제독은 배 안을 순시하다가 수백 명의 노예 중에서 형형한 눈빛(원수를 갚겠다는 집념)을 가진 벤 허를 주목한다. "저 놈은 노예로 끝날 놈이 아니다."라고 생각하며 부하들에게 그의 발목 쇠사슬을 풀어주라고 지시한다. 그 덕분에 전투 중에 배가 침몰할 때에도 벤 허는 살아남고, 또한 그를 알아본 안목을 지닌 해군 제독도 벤 허에 의해 구조된다. 절체절명의 순간에도 강력한 목적의식을 가진 눈빛이 그를 살려낸 것이다. 영화 〈벤허〉는 이 대목을 다시 보면서 자신의 눈빛을 가다듬어 보자.

자부심에서 주인 의식이 생긴다

나는 보고서를 쓸 때 항상 내 이름을 걸고 스스로에게 물어본다. 정병석 이름으로 내는 보고서인데 충분히 검토되었는가, 미진한 것은 없는가? 이보다 더 나은 판단 기준이 있을까? 이런 자기 확인 과정은 상사의 지적에 대한 두려움 때문이 아니라, 나 자신의 이름(명예)에 손상이 가지 않도록 더 노력해야 된다는 열정과 자부심에서 비롯된 것이다.

경제학 세미나 중에 나는 학생들을 '경제학 박사'라고 불러 준다. 학생들에게 자기소개를 할 때 이름을 한 자 한 자 또박또박 발음하라고 한다. 이름 석 자를 한꺼번에 말하면 잘못 알아듣기 쉽다. 또한 그렇게 소개해서는 자존심이 생기지 않는다. 그래서 "저는 경제학 박사 ○○○입니다.", "저는 부동산 경제 분야의 전문가 ○○○ 박사입니다." 또는 "저는 금융 분야를 오래 연구해 온 ○○○ 박사입니다."라고 소개하게 한다. 세미나 중에는 학생들 상호 간에도 "○○○ 박사의 의견에 저는 이러저러한 근거에서 동의하지 않습니다."라고 서로 존칭을 쓰게 한다. 자기가 어느 분야의 경제학 박사 또는 전문가라고 스스로 소개하고 또 그렇게 불린다면 책임감과 부담을 갖지 않을 수 없다. 그러면서 학생들에게 "~분야의 박사가 왜 논리가 약한가?"라고 책임감을 촉구하고는 한다. 이렇게 자기 이름에 자부심을 갖는 자세가 출발점이 된다.

자부심을 가지려면 자기 생산물에 자기 이름을 걸고 최선을 다해야 한다. 중세 유럽의 길드 체제에서는 생산 지역이 중요했지 생산한 공장이나 작업자의 이름은 중요하게 생각하지 않았다. 그러다가 르

네상스 시대에 들어 개인을 중시하면서 작은 물건에도 제작자의 이름을 붙이게 되었다. 장인 정신은 이렇게 자기 이름을 걸고 최선을 다하는 데에서 시작한다.

청년들은 열정과 자부심, 집념과 끈기 등을 강화하는 게 얼마나 중요한지 아직 잘 인식하지 못한다. 그러나 창조성이 중요한 사회로 바뀌면서 지식뿐만 아니라 직무에 임하는 사람들의 의식·자세 등은 매우 중요한 가치를 지니게 된다. 아무리 능력이 있더라도 소극적이거나 부정적인 의식·태도를 갖고 있는 사람은 그 능력을 잘 발휘하지 못하거나 더 발전시키지 못한다. 새로운 가치를 창조해 내야 하는데 프로 의식으로 몰입해 노력하지 않으면 창의적인 것을 만들어 내지 못한다. 반면에 입사시의 능력이 다소 뒤떨어지더라도 적극적이거나 열정적인 집념·의식·태도를 지닌 사람은 문제 해결을 위한 창의적인 방법을 찾아내어 더 기여할 수도 있다. 교세라의 이나모리 회장이 사고방식의 범위가 "−100 ~ +100"이라고 한 것은 집념·태도의 이러한 넓은 스펙트럼을 지적하기 위해서다.

이런 특성은 가르칠 수 있는 것보다 타고난 성격에 의존하는 부분이 크기도 하다. 그러나 상당 부분 후천적으로 끊임없이 노력하고 마음가짐을 다지면 강화할 수 있다. 그러한 노력과 자세가 중요하다. 그래서 한 분야의 최고가 된 사람에게는 그동안 그가 흘린 땀과 인내를 짐작하며 사람들이 존중하기 마련이다.

다시 강조하건대 인생에서 성공하기 위해 가장 중요한 자질은 자기 일에 대한 열정과 자부심이다. 자부심이 있는 사람은 자기가 하는 일에 높은 가치를 부여한다. 그래서 자기 가치를 실현하는 자기의 일을 소중히 여긴다. 자기 조직과 자기 회사에 애정을 갖는다. 여기에서 충성심과 주인 의식이 나온다. 주인 의식이 있으면 강한 책임감과 열정을 갖는다. 열정과 자부심이 있어야 자기 일에 몰입하고 그 분야의 최고가 되기 위해 노력한다. 그래서 프로가 되고 성공하는 것이다. 자기가 하는 일이 매우 중요하고 가치 있다고 생각하는 순간 자연스럽게 열정과 자부심도 생긴다는 사실을 꼭 명심해야 한다.

그런 사람이 몇 명만 있어도 조직은 저절로 돌아간다. 열정은 열기가 있어 다른 사람에게 전파된다. 몇 명의 열정은 조직 전체로 확산될 수 있다. 주인 의식을 가진 몇 사람이 책임감을 갖고 열정적으로 일하면 안 되는 일이 없다. 엄청난 에너지를 발산하기 때문이다. 지식과 기술이 필요하면 어떤 방법을 강구해서라도 보완하면 된다. 그러나 주인 의식과 열정은 외부에서 빌리거나 살 수가 없다. 그래서 다른 무엇보다도 열정과 자부심을 강조하는 것이다. 이것들은 학창 시절부터 스스로 가꾸어 가야 할 가장 중요한 자질이다. 학력과 어학 실력은 다음 문제이다.

프로다운 기질, 성격의 형성 노력

여러분에게 처음부터 어떤 분야의 프로가 되라는 것이 아니다. 전문적인 지식과 기술을 갖추고 강한 직업 정신을 갖춘 프로는 오랜 세월에 걸쳐 만들어진다. 그래서 기업은 신입 사원을 뽑을 때 이미 능력을 갖춘 사람을 요구하지도 않는다. 그런데 그런 자질과 자세를 갖추고 있느냐, 그래서 앞으로 그런 사람이 될 수 있느냐의 여부는 매우 중요하다. 강한 승부욕, 집념, 근성, 일에 대한 열정, 자신감, 적극적·긍정적 자세, 서비스 정신 등이 갖추어진 사람이라면 현재의 기술 수준이 낮다고 해도 문제가 되지 않는다. 그러한 지식과 기술은 집중적인 훈련을 통해 얼마든지 사후에 보완할 수 있는 것들이다.

여러분은 이런 준비가 되어 있는가? 불교의 화엄경에서는 '모든 것이 오로지 마음이 지어낸 것(一切唯心造)'이라 한다. 그야말로 여러분 마음먹기에 달린 것이다. 간단한 보고서를 쓰더라도 최선을 다해 노력한 것은 반드시 표가 난다. 반대로 대충 대충 작성된 보고서는 무슨 이야기를 하고 있는지 이해가 안 되는 경우가 많다. 논리 체계도 없고 오자가 많은 엉성한 보고서는 읽는 사람으로 하여금 짜증이 나게 하고 작성자가 성의를 다했다는 느낌을 주지 못한다. 이런 일이 반복되면 그 사람의 실력과 성실성에 의심을 품게 되고 그는 결국 경쟁에서 밀리게 된다.

생활하면서 성공한 사람들의 사례를 자주 읽고 마음가짐을 다지는 게 중요하다. 그래서 어릴 때부터 위인전을 많이 읽으라고 강조하는 것이다. 자기가 하려는 분야에서 크게 성공한 사람의 이야기를 항상 곁에 두고 읽으면서 마음가짐을 다지고 집념을 단련해 보자. 현대 그룹의 창립자 정주영 회장이 1991년에 썼던 자서전 《나의 삶 나의 이상: 시련은 있어도 실패는 없다》를 읽어 보기 바란다. 그는 어떤 장애를 만나더라도 좌절하지 않고 집념을 가지고 노력해서 해결책을 찾아낸다.

그런데 사람들은 일에 대한 열정과 자부심 등 프로로서의 의식·자세는 간과하는 경향이 있다. 그저 지식과 기술을 축적하는 등 하드 스킬에 치중한다. 이런 성향은 신입 사원뿐만 아니라 경력자에게서도 발견된다. 대개 이런 사람들은 학교에서나 직장 초임 시절에 제대로 훈련을 받지 못한 경우이다. 제조업체뿐만 아니라 서비스업체에서도 직원이 일을 대충 한다면 서비스 품질 개선은 불가능해지고 고객의 불만이 빗발 칠 확률이 높아질 것이다. 일하는 자세, 일하는 방법, 일에 대한 의식 등 소프트 스킬은 취업 후에도 그 사람의 성공 여부를 좌우한다.

성공하는 데 가장 중요한 요소는 자신의 일을 사랑하는 마음이다. 성공하기 위해서는 남들보다 더 많이 일하고 그 과정에서 많은 문제들을 해결해야 하는데 이는 자신의 일을 사랑하지 않는 사람으로서는 도저히 해낼 수 없는 도전이다. 자신의 일을 사랑한다면 아무리 힘든 상황을 겪더라도 그만큼 큰 성취감을 느낄 수 있기에 일로부터 즐거움을 얻게 된다.[9]

도널드 트럼프가 한 말이다.

프로가 되려면 자기 가슴을 뛰게 하는 일을 선택해야 한다!

프로들에게 어떤 직업을 가져야 성공하느냐고 물어 보면 대부분 자기가 가장 좋아하는 일을 골라 거기에 미쳐야 한다고 말한다. 미치기 위해서는 먼저 좋아하는 일을 찾아야만 한다. 국제적인 NGO '월드비전'의 긴급 구호 팀장으로 일했던 한비야의 이야기는 특히 가슴에 와 닿는다. 그녀는 2007년 한국기술교육대학교에서의 강연 중 아프리카 케냐에서 만났던 한 유명한 의사의 말을 인용했다.[10]

"내가 가지고 있는 기술과 재능을 돈 버는 데에만 쓰는 것은 너무 아깝잖아요. 내가 이 일을 하는 것은 무엇보다도 이 일이 내 가슴을 몹시 뛰게 하기 때문이에요."

이 케냐인 의사는 아프리카의 오지에서 전염성 풍토병 환자들을 치료하며 왜 아무도 알아주지 않는 이런 험한 곳에서 일하느냐는 질문에 위와 같이 대답했다는 것이다. 그래서 한비야도 학생들에게 제안했다.

"뭐가 되었건 여러분의 가슴을 뛰게 하는 일, 여러분의 피를 끓게 하는 그런 일을 하세요."

이것이 정답일 것이다.

진정한 프로가 되는 건 쉽지 않은 일이다. 그래서 우선 자기 가슴을 뛰게 할 그런 일을 선택해야 한다. 그러고 나서 의지를 갖고 노력한다면 누구나 프로가 될 수 있다. 무슨 일을 하게 되더라도 '의미'를 생각하며 일해야 한다. 이 일을 왜 하는지, 전체 업무의 흐름 속에서 내가 하는 일이 어떤 의미가 있는지, 이것을 어떻게 하면 더 잘할 수 있는지 등을 생각하면서 모든 정성을 쏟으며 한 걸음 한 걸음 내딛는다면 저절로 프로가 될 것이다. 갈수록 경쟁이 치열해지는 사회에서 진정한 프로가 돼야 경쟁력이 있고, 경쟁력이 있는 프로는 장래가 보장된다.

프로가 되는 데 타고난 재주가 있어야 하는 것도 아니고 엄청난 능력이 요구되는 것도 아니다. 평범한 사람들 대부분은 충분히 프로가될 수 있다. 의지와 노력만 있다면 누구에게나 프로가 되는 길이 열려 있다는 점을 강조하고 싶다. 열정을 갖고 한 발 한 발 꾸준히 나아간다면 누구나 프로가 될 수 있다는 것이다. 여러분에게 꿈이 있다면,

그것을 향해 매일 한 발자국씩만 나아가 보자.

《논어》에 실린 공자님 말씀 중엔 이런 말이 나온다.

무언가를 안다는 것은 그것을 좋아하는 것만 못하고, 좋아하는 것은 즐기는 것만 못하다.

자기가 좋아하는 일을 하는 사람이 많은 지식을 가진 사람보다 낫지만, 그래도 그 일을 진심으로 즐기는 사람을 당해 내지는 못한다는 말이다. 정말로 자기가 좋아하고 즐길 수 있는 일을 찾아 하는 사람은 행복한 사람이고 성공이 보장된 것이나 마찬가지이다.

프레젠테이션, 커뮤니케이션, 리더십

글쓰기와 보고서 작성법

'경제학 세미나'에서는 "신문의 경제 기사를 하나 골라 요약하고 거기에 어떤 경제학 이론이 적용될 수 있는지, 경제학적인 의미가 무엇인지?" 등을 생각하여 1쪽짜리 개조식 보고서로 작성하게 한다. '1쪽짜리 보고서가 무슨 의미가 있는가?'라고 생각하는 사람도 있을 것이다. 이것은 경제 기사를 읽으면서 그 내용이 학교에서 배운 경제 이론과 어떻게 연관되는지를 생각해 보고서로 정리하고 다른 사람들에게 논리적으로 설명할 수 있게 하는 훈련의 시작이다.

스티븐 레빗의 《괴짜경제학》, 팀 하포드의 《경제학 콘서트》, 로버트 프랭크의 《이코노믹 씽킹》 등의 저서는 이런 문제의식에서 경제학 이론을 현실 생활에 적용하는 사례를 제시해 베스트셀러가 된 책들이다. 이런 종류의 책들이 출간되고 잘 팔리는 현상은 외국에서도 경제학 공부와 현실 인식이 함께 맞물려 있는 것만은 아니라는 것을 방증한다. 최근에 나온 경제학 교과서들은 대개 신문 기사나 현실 경제 이슈를 사례로 인용하고 있다. 그런데도 학생들은 전문가의 분석을 그냥 이해하는 데에서 더 나아가 자기 스스로 실제 사례에 대해 경제 이론을 적용하여 분석해 보고 자기 논리로 대응 방안을 모색해 보라는 과제를 처음에는 어렵게 생각한다.

1쪽짜리 개조식 보고서를 작성하는 것도 학생들에겐 생소한 일이다. 가장 문제가 되는 점은 자기 나름의 논리 체계를 세우는 데 약하다는 것이다. 사실과 통계의 요약, 분석과 이론의 검토, 시사점 등 체계가 확실하게 정립돼 있지 않으면 논리가 뒤죽박죽 얽혀 버린다. 이것은 글 솜씨의 문제가 아니라 논리의 문제이다. 그래서 논리 체계를 잡아 가는 훈련이 중요하다. 1쪽짜리 보고서라도 먼저 기본적인 논리의 틀을 세우고 조금씩 설명을 붙여 가는 연습을 해야 한다. 보고서를 쓰는 것도 요령을 알고 몇 번 연습을 하다 보면 학생들은 금방 익숙해진다. 학생들은 이 훈련이 사회생활 준비에 매우 유용하다고 말한다.

1쪽짜리 보고서로 워밍업하면서 한 학기 동안 두 번 2000자 에세이를 작성하게 한다. 다뤄야 할 분야를 정해 주면 그 범위 내에서 학생들이 자유롭게 자기 에세이의 주제를 정하고 그에 맞게 논리의 체계를 잡는다. 문제의 제기, 현실의 분석, 정책 대안의 검토, 결론 및 경제학적 시사점 등의 체계를 활용하도록 하되, 에세이 작성에 고려

되어야 할 몇 가지 핵심 내용과 기준을 제시한다. 학생들은 처음에 이런 에세이 작성 자체에 익숙하지 않아 초보적인 실수도 많이 한다.

예를 들면 "관련 통계 자료를 찾아 인용하고 분석하라, 이제까지 세미나에서 논의한 경제학 이론을 인용하라, 글자 수의 제한을 지키라, 제출 시한은 언제까지이다." 등 교수의 주문 사항을 소홀히 하기 쉽다. 보고서에 대해서는 교수가 고객 입장에서 주문하는 것인데 고객의 주문을 제대로 이행하지 않는 습관이 생기면 사회에 나가서 어떻게 고객 만족을 실현할까? 특히 한정된 자원을 전제로 예산 제약 조건하에서 최적화 문제를 다루는 것이 경제학의 핵심 원리임을 수시로 상기시킨다. 여러 제약 조건과 주문 사항을 반드시 지키면서 보고서를 논리적으로 작성해야 한다는 것을 체득하려면 몇 번의 연습과 학습지도가 필요하다.

학생들의 보고서를 여러 번 읽고 상세히 코멘트하고 수정해 준다. 그럴 때마다 요즘의 대학생들은 한자 교육을 받지 않아 정확한 어휘 구사에 서툴다는 생각이 든다. 또 글쓰기에 익숙하지 않아 문단 구분이나 논리 전개에도 미숙하다. 그래서 보고서를 여러 번 읽지 않으면 무엇을 주장하려는 것인지 이해하기 어려운 경우가 있다. 이것이 우리의 현실이다. 그래서 잘못된 점과 고쳐야 할 방향을 상세히 알려주는 게 중요하다. 이러한 코멘트는 학생들이 매우 귀중하게 생각하는 부분이다. 또한 보고서를 실제 써 내려가기 전에 미리 간단하게 프레임을 잡고 논리 체계를 세운 후 문장을 써 나가도록 훈련하는 것도 중요하다. 미리 생각을 정리하여 프레임을 만들어 보는 게 논리적 글쓰기의 기본이라는 점을 강조해야 한다.

프레젠테이션, 발표력

단상에 나가 발표할 때에는 또박또박 천천히 말하는 것과 청중을 둘러보면서 자신 있게 말하는 요령을 강조한다. "이상으로 제 발표를 마치겠습니다." 하는 식으로 마무리를 확실하게 하라고 당부한다. 그리고 발표 시간을 엄수하라고 매우 강조한다. 이것도 예산 제약 조건과 마찬가지로 반드시 지켜야 할 필수 사항이다. 학생들은 대개 발표 경험이 없어 단상에 오르면 어색해하며 멋쩍게 웃는 경우가 있고 '저······ 하거든요', '뭐지?' 등 쓸데없는 군더더기 말을 버릇처럼 쓸 때도 있다. 하지만 내가 강조한 점을 반복적으로 훈련하다 보면 처음에는 다소 서툴지만 놀라울 정도의 빠른 속도로 발표 실력이 늘어난다.

K 양은 학기 초 처음 발표할 때 너무 긴장해서 말이 점점 빨라지더니 불필요한 손동작도 많아지고 발음도 불분명한 부분이 많았다. 그런데 여러 번 발표를 해보고 학기 말이 되자 자신감이 생겨 또박또박 발표를 잘하게 되었다. 본인 스스로 엄청나게 실력이 늘었다고 자랑할 정도다. 그는 집에서도 거울을 보며 발표 연습을 했다고 한다.

우리 세대가 직장 생활을 했던 과거에는 프레젠테이션이나 토론, 발표 방법 등을 제대로 배울 기회가 없었다. 직장의 업무상 TV 인터뷰, 라디오, 특별 강의 등 발언할 기회는 많았지만 발표 방법을 체계적으로 배우기 어려웠던 것이 과거의 공직 생활이었다. 강의나 인터뷰 등은 녹음해 뒀다가 다시 들어본다. 내가 했던 내용도 녹음된 목소리로 다시 들으면 만족하기 어려운 경우가 많다. 가장 불만스러웠던 점은 말이 너무 빨라 다른 사람이 이해하기 어렵다는 것이었다. 또 끝부분을 희미하게 흘려 말이 끝났는지의 여부가 불분명했다. 그리고 중간에 '에, 그, 저' 등 불필요한 말버릇이 반복해서 나오고 있었다. 그래서 다음 기회에는 참고 자료나 손바닥에 '천천히 또박또박'이라고 써놓고 이를 보면서 했다. 그렇게 신경 쓰고 말을 천천히 하려고 노력하다 보니 발음도 분명해지고 중간의 불필요한 말버릇도 줄어들었다. 이러한 경험에서 학생들에게는 실수하지 않도록 훈련시키는 것이다.

발표와 토론의 심사·평가 과정을 학생들에게 맡겨 보자. 학기 마지막 발표에서는 각 조별로 심사·평가 위원을 1명씩 선출하게 해 이들에게 전체의 발표와 토론 과정을 심사한 후 그 결과를 공개적으로 발표하게 한다. 학생들의 심사 결과는 놀랍게도 내가 생각하는 것과 비슷하다. 내가 종합적으로 하고 싶던 내용을 거의 대부분 망라하고 있다. 지난 학기에 있었던 C 양의 심사평 중 일부를 인용해 본다.

- 발표 내용: 세계 금융 위기가 미국만의 문제가 아니었으므로 세계 경제의 관점으로 확대해서 보았다면 더 좋았을 것임. 인과관계에 따라 케인지안식 정책 대응 방안을 분명히 제시한 부분이 돋보임.
- 발표 자세: 내용을 완전히 파악해서 발표하는 것은 좋았으나 말이 너무 빨라 내용을 따라가기 어려웠음.
- 질문·답변: 질문이 너무 길어 핵심 파악이 안 됨. 답변에서도 너무 개략적으로 넘어가 자신감이 없어 보였음.

전문가의 심사평 같다. 이런 사례를 보면 학생들에게 기회를 주고 조금만 요령을 알려주면 아주 훌륭하게 요점을 지적하고 주어진 역할을 해낸다는 것을 확인할 수 있다. 청년들은 잘할 수 있다. 조금만 길을 알려주고 기회를 주면 된다. 그런 과정을 통해 학생들이 빠른 속도로 발전해 가는 모습을 지켜보는 것은 정말 보람 있는 일이다.

팀워크, 커뮤니케이션, 리더십

학생들을 몇 명씩 학습 조로 편성해 주제를 정해 주고 보고서를 작성해 발표하게 한다. 조원들이 모여 자료를 검색하고 토론하고 역할을 나누어 작업하는 훈련을 한다. 만나서 토론도 하고 인터넷에 클럽을 만들어 서로 정보를 공유하고 논의하면서 보고서를 만들어 가는 것이다. 이런 작업을 매주 반복하기 때문에 학생들에게 다소 부담이 되기도 하지만 매우 중요한 공동 작업과 커뮤니케이션, 리더십 훈련이 된다.

조별 활동을 하게 되면 서로 다른 성격과 의견을 가진 학생들끼리 팀플레이 하는 연습을 하게 된다. 학생들은 저마다 수업 일정이 달라 만나서 회의하는 것도 쉽지 않다. 일정을 조정하고 서로의 역할을 분담하는 것도 팀플레이의 일환이다. 여러 차례 회의와 토론을 통해 다른 사람은 왜 그런 생각을 하게 되었는지를 이해하는 것도 커뮤니케이션 연습이다. 의견을 조정하고 설득하는 과정에서 리더십 연습도 된다. 실제 이러한 조별 활동을 통해 처음으로 팀워크, 커뮤니케이션, 리더십 등의 체험을 해보면서 많은 것을 배우는 값진 경험이었다고 말하는 학생도 많다.

조별 활동에는 총 점수 배점의 50%를 할당할 정도로 비중을 두고 있다. 이러한 높은 비중 때문에 개인별 에세이, 발표 등의 점수가 좋은 학생도 자기가 소속된 조의 활동이 부진하면 총 점수를 감점당하기 쉽다. 이처럼 조별 활동의 중요성을 부각시키면 책임 의식이 강화되기 마련이다.

싸이월드 클럽에서 만들어지는 조별 활동 상황을 보면 대개의 경우 적극적인 몇 명의 학생이 팀을 리드해 간다. 같은 조에 속해 있지만 자기 몫을 하지 않고 단순한 무임 승차자인 학생도 있다. 무임 승차자의 비협조로 속이 상한 학생이 나에게 찾아와 불만을 피력한 경우도 있었다. 하지만 그런 팀원도 포용해서 최소한이라도 참여하게 만드는 것이 리더의 역할이고 리더십 훈련이라고 설명하니 잘 이해해 줬다. 나는 조별 활동 상황을 수시로 모니터해서 누가 적극적인지, 누가 소극적인지 확인한다. 또, 조별 발표에서는 발표 직전 현장에서 발표자를 교수가 지정하는 방식으로 운영해 모든 학생이 준비하도록 한다.

커뮤니케이션에서 가장 중요한 점은 상대방의 말을 열심히 들어주는 것이다. 열심히 듣기만 해도 커뮤니케이션이 되었다고 할 만큼 듣기는 중요하다. 노동계의 핵심 간부가 공직에 있던 나에게 개인적으로 했던 교훈을 여기에 소개한다. 그는 당시 40대였지만 대기업 노조 위원장 출신으로서 매우 격렬한 파업을 주도했던 인물이었다.

노조와의 대화에서 가장 중요한 점은 상대의 주장이나 요구가 아무리 무리한 것이라 생각하더라도 중간에 끊지 말고 일단 끝까지 성의를 다해 들어주는 것입니다.

사장이나 정부 관료 대부분은 노조가 무리한 요구를 한다고 판단하면 중간에 벌써 안색이 바뀌거나 고개를 가로젓고 찡그린다고 한다. 그러면 대화가 진행이 안 된다. 노조 간부는 조합원들이 모아 준 의견과 요구 사항을 전달할 책임이 있다. 어떤 요구 사항은 자기들도 회사 측에서 수용하기 어렵다는 걸 알고 있다. 그래도 그러한 요구를 제기하는 이유는 그만큼 그것을 요구하는 조합원들의 마음이 절실하고, 그 뜻을 대변하기 위해 어쩔 수 없이 전달해야 하기 때문이라는 것이다.

이 경우에 상대방을 배려하는 모범 답안은 끝까지 들어보고 나서 다음처럼 대답하는 것이다.

노조 입장에서는 그런 요구를 할 수 있다는 것을 이해하겠다. 쉽지 않을 것으로 생각되지만 최선을 다해 검토해 보고 빠른 시간 내에 수용 여부에 대한 회답을 하겠다.

이것이 상대방을 배려하는 모범 답안이라는 것이다. 이것이 노사 협상뿐만 아니라 어느 경우에도 적용될 수 있는 대화의 핵심이라고 생각한다. '경청傾聽'이란 그냥 듣는 게 아니라 '귀를 기울여 듣는 것'을 말한다. 실제로 귀를 기울이는 제스처도 필요하다.

팀워크와 커뮤니케이션에서 나도 초기에는 많은 시행착오를 겪었다. 20대 중반에 고시에 합격해 노동부에 배치된 나는 너무도 혈기가 넘치고 자신만만한 청년이었다. 부처에서 업무로 상대하는 사람들이 시원찮게 보였고, 그래서 그들과 부딪히고 싸우는 일이 끊이질 않았다. 그러다 보니 내부 평가가 나빠져 업무 협조도 안 되고 많은 비판에 직면해 일하기가 어려웠다. 요즘 개념으로는 팀워크와 커뮤니케이션, 리더십의 기본도 지키지 않았던 셈이다. 어떤 선배가 이런 문제점을 진지하게 지적해 줬다. 나는 일만 잘하면 되는 줄 알았다가 인간관계가 일의 성패와 직장에서의 성공 여부를 좌우할 수 있다는 사실을 깨닫고 충격을 받았다. 그 후로 나의 자세와 태도 언어 등에서 근본적인 변신을 하게 됐다.

'화요일의 세미나'를 하는 김 군과의 대화도 초기에는 쉽지 않았다. 대화를 하려면 서로 주고받고 이야기를 해야 하는데 김 군이 마음을 닫은 채 진지한 이야기를 하지 않으려 하니 내가 주로 이야기를 하게 된다. 그렇게 되면 대화가 아니라 강의가 되고 잔소리가 되기 쉽다. 이러한 상태를 깨기 위해서는 어느 정도의 신뢰 구축 시간이 필요했다. 자주 만나 이야기하며 서로에 대해 마음을 터놓게 되면서 지금은 집안 이야기, 여자 친구 이야기, 교회에서 있었던 일, 학창 시절의 친구 문제 등 모든 주제에 대해 부담 없이 대화한다.

열린 마음, 긍정적 자세, 에티켓

열린 마음을 갖는 것은 능력 개발과 커뮤니케이션의 기본이다. 마음이 열려 있지 않으면 다른 사람의 의견이 귀에 들어오지 않는다. 그렇게 되면 대화가 되지 않고, 새로운 지식과 기술의 습득이 어렵다. 책도 잘 읽지 않게 되고 읽어도 머리에 들어오지 않는다. 마음을 열고 무슨 의견이라도 일단 들어보고 계속 배우려는 겸허한 마음과 적극적인 자세가 필요하다. 듣는다고 해서 모두 수용하는 것은 아니지만 듣는 자세는 열린 마음의 출발이다. 이러한 습관은 쉬운 것 같지만 많은 노력이 필요하고 성과도 놀라울 정도로 큰 것이다.

누군가 자기의 생각과 다른 의견을 제시하면 이렇게 반응해 보자. "예, 그것도 하나의 좋은 의견이겠군요." 또는 "그런 아이디어는 생각해보지 못 했습니다. 그렇게 생각할 수도 있겠군요." 이런 자세로 마음이 열려 있어야 생각이 발전한다.

적극적·긍정적인 사람은 상사가 어려워 보이는 일을 지시해도(당시 불가능하다고 느끼더라도), "예, 제가 해보겠습니다." 또는 "그렇게 하겠습니다.", "제가 하겠습니다." 하는 자세로 나선다. 이렇게 긍정적·적극적으로 생각하고 방법을 찾으면 해결할 길이 보이는 법이다. 그렇게 해도 불가능하다면 그때 가서 어렵다고 보고해도 늦지 않다. 반면에 소극적·부정적인 사람은 모든 일에 닫혀 있다. 해 보지도 않고 이렇게 말한다. "그게 되겠습니까?", "그런 일은 할 수 없습니다." 이런 사람은 조직에서 좋아하지 않는다. 그러니 취업이나 성공의 기회가 적다. 취업 면접에서 이런 성격을 갖고 있는지 자세히 알기는 어렵지만 말투나 표정 등에서 그러한 기질을 파악할 수 있다. 취업 여부를 떠나 이러한 자세로는 어떤 일을 해도 성공하기 어려울 것이다.

프로 골프 최경주 선수가 2011년 PGA 플레이어스 챔피언십(미국에서 상금이 가장 많은 대회)에서 우승할 때의 일이다. 마지막 라운드 16번 홀에서 최경주 선수의 티샷은 페어웨이를 벗어나 러프에 떨어져 어려운 순간을 맞이한다. 바로 그린을 향해 칠 수도 없는 상황이다. 이미 한 타 차이로 앞서 가는 데이비드 톰스의 공은 페어웨이에 잘 안착해 있다. 최경주 선수는 수많은 갤러리가 지켜보고 TV로 생중계되는 가운데 이 난감한 상황에 처하게 되자 이번에는 우승하기 힘들겠다고 낙담하고 있다. 그러자 나이 60세 백발의 캐디 앤디 프로저가 다가와 말한다(그는 정말 훌륭한 멘토이다).

걱정하지 말고 긍정적으로 생각해라. 다음 순간에 어떤 일이 벌어질지는 아무도 모르지 않느냐?

이 격려에 힘입어 최경주 선수는 자신감을 회복하고 좋은 샷을 날린다. 반면에 톰스는 다음 샷이 물에 빠지며 어려움에 처한다. 오히려 상황이 반전되어 순식간에 동점이 되고 분위기는 역전된다. 결국 최경주 선수는 연장전에서 우승을 한다.

골프는 인생의 축소판이라고 한다. 18홀을 도는 동안 처음에 잘 나가던 선수가 후반에는 위기에 빠지기도 한다. 반면에 초반에 고전하던 선수가 위기를 극복하고 후반에는 아주 잘하는 경우도 많이 생긴다. 처음부터 끝까지 순탄하게 잘 나가는 경우는 드물다. 18홀 마지막까지 지켜보지 않으면 알 수 없다. 그래서 위기에서의 관리 능력이 그 사람의 골프 성적을 좌우하게 된다. 인생도 골프 경기와 마찬가지로 초반에 힘들다고 끝까지 어려운 것은 아니다. 인생은 마라톤이지 단거리 경주가 아니다. 끝까지 포기하지 않고 집념을 갖고 목표를 향해 한 걸음 한 걸음 걸어가는 사람이 결국 성공하는 법이다.

"인사만 잘해도 인생이 바뀐다."는 말이 있다. 상대를 배려하는 마음이 없는 세상에서는 기본적인 예의를 갖추고 상냥하기만 해도 돋보인다. 어른들은 요새 청년들이 예의가 없다고들 한다. 그러니 큰 노력을 하지 않아도 인사 잘하는 사람은 성공할 핵심 자질을 갖춘 것이다. 에티켓을 익히는 것은 아주 쉽고 돈도 들지 않는다. 엘리베이터, 복도, 길거리 등 어디에서든 사람들과 마주칠 때 먼저 가볍게 미소 지으며 인사하거나 목례하는 습관을 들이자. 청년이 그렇게 하면 그 성과는 매우 클 것이다.

고위 공직자 W는 인사 잘해서 최고의 인간관계를 맺고 성공한 사람이다. 시력이 아주 나쁜 그는 복도에서 사람들과 마주쳐도 누군지 잘 식별하지 못했다. 그래서 사람들을 만나게 되면 누구인지 구분하려 하지 않고 멀리서부터 먼저 인사를 하기 시작했다. 나이가 어리거나 직급이 낮거나 따지지 않고 고시 출신 사무관이 항상 먼저 인사하게 되니 그는 예의 바르고 상냥한 사람으로 소문나게 됐다. 게다가 일까지 열심히 잘하니 모두 그를 좋아했고 아주 성공적인 인간관계를 유지하게 됐다. 실제 그는 고위직까지 승진했고 지금도 매너 좋은 사람으로 많은 이들의 사랑을 받고 있다.

학기 말 포트폴리오와 성과

개인별 포트폴리오 만들기

학기 말에는 개인별로 '포트폴리오'라는 경제학 세미나 종합 보고서를 만들게 한다. 이것은 한 학기 동안 학생 개개인이 작성한 에세이, 보고서, 조별 발표 자료 등을 모두 모아 개인별로 편집한 자료이다. 이 보고서에는 이번 학기에 어떤 내용으로 개인별 에세이를 작성했고 학생이 속한 조별 활동 내용은 무엇인지, 종합 토론한 내용은 어떤 것인지 모두 망라되어 있다. 즉 학생 개인의 한 학기 활동 보고서인 셈이다.

이런 포트폴리오는 미국의 공과대학에서 많이 활용하는 방식이다. 한국기술교육대학교에서는 공학 분야 교수들이 이러한 포트폴리오를 작성하고 있다. 나는 이것을 처음 봤을 때 매우 깊은 인상을 받았다. 그래서 한양대에서 강의를 맡게 됐을 때 경제학 세미나에 적용해 본 것이다.

처음 작성할 때는 작성 방법, 형식 등을 어떻게 하는 게 효과적일까 상당히 고심했다. 학생들의 발표 형식과 내용에 대해서도 교수가 많은 부분을 수정하고 보완 지시해야 하므로 힘이 많이 들었으나 곧 익숙해졌다. 이제는 학기가 끝나자마자 바로 완성할 수 있을 정도로 체계화돼 있다.

이 포트폴리오에 대해서 학생들의 만족도가 대단히 높다. 나는 이 포트폴리오를 졸업 후 취업 면접 등 필요한 경우에는 언제든지 가지고 가서 자기가 공부한 내용을 다른 사람들에게 보여주고 그 결과 자기의 경쟁력이 어느 정도인지 설명하는 데 활용하도록 하고 있다.

어느 학기가 끝나고 Y 군이 포트폴리오의 또 다른 효과에 대해 이야기했다. 경제학 세미나 포트폴리오를 완성하고 편철하여 집에 가서 아버지에게 보여 드렸더니 이렇게 말씀하시며 칭찬하더라고 했다.

"4년째 대학 등록금 내주고 나서 처음으로 네가 무슨 공부를 어떻게 했는지 알게 되었다. 이렇게 알차게 경제학을 공부했다니 등록금이 아깝지 않고 참으로 대견하구나."

Y 군은 매우 성실한 학생으로 두 학기 동안 경제학 세미나와 경제 시사 토론 과목을 나와 함께했고, 경제학 이론의 응용 능력, 보고서의 작성과 발표, 리더십 등 소프트 스킬을 제대로 갖춘 인재이다.

세미나의 성과

이 과정에서 내가 확신하는 것은 약간의 요령을 알려주고 반복적인 학습을 하면 학생들의 적응력이나 발표력 등 역량이 놀랍게 성장한다는 점이다. 한 학기 동안 경제학도로서 학생들의 사회적 경쟁력이 눈에 띄게 늘어난다. 내가 보기에도 그럴 뿐만 아니라 학생들 스스로도 그것을 체감하며 자신감을 갖는다. 수강한 학생들이 스스로 작성한 강의 평가 중에서 몇 개 인용해 본다.

- 졸업하고 사회에 나가 실제 우리가 활용할 수 있는 좋은 강의였습니다.
- 발표에 대한 자신감을 심어 주었으며 경제 이론 배운 것을 실생활에 어떤 식으로 적용할 수 있는지 알게 되었습니다.
- 매시간 발표를 통해 향상된 발표력을 느낄 수 있었으며 보고서나 에세이, PPT 작성 능력도 향상되었습니다.
- 학생들에게 자신감과 자부심을 갖게 하고 여러 가지 이슈에 대해 생각하고 토론할 수 있어서 좋았습니다.

'학습'이란 '배우고 익히는 것'인데 왜 배우기만 하고 익히는 데는 소홀히 할까? 시험을 통해 익히게 하는 것은 제한적이다. 학생들은 여러 번 주제를 바꿔 가며 반복적으로 연습하게 해야 그 요령을 체득하게 된다. 이 과목은 학교의 배려로 학생 수를 25명 이내로 제한해 운용하지만 학생 수가 그보다 많다면 운용 방법을 바꿔야 할 것이다.

나는 이 과목을 통해 학생들이 사회에 나가서 활용할 경쟁력을 키워주는 데 목표를 두고 운영하고 있는데 실제 한 학기 강의만으로도 상당한 성과를 볼 수 있었다. 학생들에게 이론을 많이 가르쳐 주는 것도 중요한 일이지만 그보다 학생들 스스로 주제에 맞는 자료를 찾아 정리하고, 관련된 이론을 생각하고 토론하며, 그 이론의 핵심적인 '의미'가 무엇인지를 고민하게 만들고, 다음에 그것을 현실 경제에 적용해 보는 훈련을 반복하는 게 더 중요할 수 있다고 본다. 이 경제학 세미나는 하나의 시도이고 한 학기 과정이므로 그 성과도 제한적이다. 그러나 한 학기만으로도 일정한 성과를 낼 수 있다면 몇 번 되풀이함으로써 훨씬 성과가 확대될 것이다.

일부 교수들은 이러한 세미나식 교육이 효과는 있으나 다른 문제가 있다는 지적도 한다. 핵심적인 이론에 집중해서 이를 체화시켜 주는 것도 중요하겠지만 대학에서 가르쳐야 할 이론 부분을 빠뜨리지 않고 교육하려면 시간이 부족하다는 것이다. 학생들에게 새로운 이론, 새로운 용어와 개념을 한번이라도 설명해 줘야 나중에 학생들이 사회에 나가거나 대학원에 가서도 그런 이론에 부딪힐 때 당황하지 않고 적응할 수 있다는 말이다. 이런 견해도 일리가 있다. 그렇더라도 토론식 수업은 확대돼야 한다. 대학 교육의 방향도 그렇게 바뀌고 있다.

지금까지의 논의를 통해 내가 강조하고자 하는 것은 대학생들의 경쟁력 강화 프로그램이 대학의 교과과정 내에서도 충분히 수용될 수 있다는 점이다. 또한 학교 밖에서 소프트 스킬 경쟁력 강화 훈련을 받을 수 있는 기회도 많지 않다는 것도 지적하고 싶다. 일부 소프트 스킬, 예컨대 프레젠테이션, 리더십, 커뮤니케이션 능력 등에 관한 교육과정이 있지만 대부분 직장인을 위한 것이고 대학생들이 쉽게 참여할 수 있는 과정이 아니다. 그래서 실제 대학생들은 대학에서 이러한 연습을 통해 경쟁력을 강화하지 못하면 준비 없이 실전에 투입되는 병사와 같은 상황에 처할 수 있다. 과거에는 취업 후 직장에서 업무를 수행하며 이러한 능력을 익혔으나 요즘은 취업 단계에서 이미 그런 능력을 요구하고 있기 때문이다. 학교의 수업을 통해 훈련할 기회가 없다면 여러분 스스로 경쟁력 강화를 위해 노력해 보아야 한다.

PART 3

사회라는 정글에서
도약하는 방법

01
사람을 희망으로 믿는
회사를 찾아라

■■■

기업 경영의 성패 요소, 사람

자, 이제 학교를 졸업하면 지겨운 시험에서 해방되는 것일까? 유감스럽게도 사회에는 더 많은 시험이 기다리고 있다. 차라리 대학의 시험은 출제 범위와 교재, 문제 유형도 알려주기 때문에 대처하기가 쉽다. 그러나 사회에서 하는 평가는 교재도 없고 출제 범위도 없어 대처하기가 어렵다. 취업하면 직장에서 업무 수행 능력이 있는지 실적이 좋은지 등을 평가하고 취업하려면 경쟁력이 어느 정도인지를 평가하려 한다. 결국, 학교를 졸업한다고 해도 시험은 끝나지 않는다. 사회의 다양하고 어려운 시험에 대처하기 위해서는 계속해서 공부하고 실력을 늘려 가야 한다.

사회에서의 경쟁력은 대부분 취업해서 근무하는 동안 기업과 개인의 공동 노력에 따라 강화하게 되고, 개별적으로도 다양한 능력 개발 프로그램을 활용해 이를 보완할 수 있다. 우선 기업에서의 경쟁력 강화부터 논의해 보자.

'20세기에 창출된 가장 위대한 혁신은 경영'이라고 피터 드러커는 말한다. 경영은 서로 다른 지식과 기술을 가진 사람들을 한데 모아 일을 하게 만들었다는 것이다. 즉, 기업 경영의 핵심은 사람이고 서로 다른 사람들의 기술과 지식을 모아 잘 발휘하게 하는 게 경영의 요체다.

'공장'은 사실 노동자들을 효율적으로 관리·통제하기 위해서 만든 조직이다. 영국의 산업혁명 초기에 농촌의 수공업자들은 자기 집에서 상인들로부터 원자재를 받아 와서 실을 짜고 면직물을 만들었다. 당시 기술자들에게는 '성월요일Saint Monday'이라 해 월요일에는 작업장에 가지 않고 쉬는 관행이 있었다. 수공업자들이 보수를 지급하는 토요일부터 일요일까지 술 마시며 실컷 놀다가 월요일은 '성월요일'이라 쉬고, 화요일에는 술 깨는 회복 시간을 보낸 후 수요일부터 비로소 밤을 새우며 일하는 것이다.[11]

공장제는 이러한 노동자들의 일하는 관행을 바꾸고 작업량을 늘리기 위해서 근로 시간과 작업 행태를 관리하는 방법으로 고안된 제도이다. 당연히 초기에는 노동자들이 공장을 감옥같이 생각해 공장 근무를 기피했다. 기술자들은 '성월요일' 관행도 하나의 소중한 전통이라고 생각해 지키려 한 것이다.

20세기 초에 개발된 테일러 시스템은 노동자들을 더욱 과학적으로 관리해서 생산성을 극대화하기 위해 고안된 것이다. 이런 제도는 결국 노동자들을 생산의 주체로 인정하기보다는 기업의 이윤 극대화를 위한 관리의 대상 또는 수단으로 보는 발상에서 비롯된 것이다. 그런데, 지식·정보화 사회는 그런 기업과 근로자의 관계를 바꾸고 있다.

피터 드러커는 이미 2002년 《넥스트 소사이어티Next Society》에서 미래는 지식 중심의 사회가 될 것이며, 지식사회에서 지식 근로자는 근로자이자 새로운 자본가이기도 하다고 주장했다.

경제학에서 개인은 소비의 주체이다. 생산은 기업이 담당한다. 노동자는 생산의 한 요소이다. 그래서 경제학의 생산 이론이나 성장 이론에서 노동은 생산의 한 요소에 불과하고 주체적인 요소가 아니다. 그런데 지식사회가 되면서 피터 드러커의 견해대로 지식 근로자는 근로자이면서 자본가라는 이중적인 성격을 띠게 됨으로써 생산의 주체로도 등장한다.

그러나 지금까지의 경제학·경영학은 사람을 생산의 한 요소로만 다룰 뿐 사람이 자본가이며 생산의 주체가 되는 측면은 중시하지 않는다. 경제학의 생산 이론과 성장 이론, 경영학의 경쟁론, 인사관리, 인적자원 이론은 기업 또는 국가의 입장에서 사람 또는 인적자원을 어떻게 관리하고 활용하느냐를 다루는 이론이다. 즉, 개개인의 관점에서 그 능력을 키우고 경쟁력을 강화하기 위한 이론이 아니다. 집단 속에서 개개인 근로자의 능력 개발을 다루기는 하지만 어디까지나 기업을 위해서 기업의 필요에 따라 그렇게 하려는 것일 뿐이다. 경제학의 신성장 이론에서는 지식사회의 핵심 요소인 지식과 기술을 노동과 구분하여 별도의 생산 요소로 다룬다. 지식과 기술도 사람에게 체화된 요소이므로 사람이 육체적인 노동뿐만 아니라 지식과 기술의 주체로서도 의미를 지니게 된 것이다. 따라서 가장 핵심적인 요소인 지식과 기술의 소유자인 사람에게 더 주목해야 할 이유가 여기에 있다.

미래의 경영에서는 무엇이 중요할까?

세계적 경영 전략가인 게리 해멀은 《경영의 미래The Future of Management》(2008)에서 20세기를 풍미했던 과학적인 경영관리 기법은 더 이상 발전할 수 없을 만큼 발전했고 이제는 그것이 오히려 기업의 활력을 저하시킨다고 주장한다. 해멀 교수는 조직의 목표 설정, 전략 기획, 조직 구성, 자원 배분, 성과 관리·측정 등 20세기를 주도했던 과학적 경영관리 기법이 인간의 상상력과 창조성을 중시하는 새로운 경영 환경에는 잘 맞지 않다고 지적한다. 오히려 인간의 상상력과 창조성을 억제하는 결과를 초래할 수 있다는 것이다.

그는 인간이 독립적이고 자유분방하기 때문에 정해진 기준과 규칙에 순응하도록 강요하는 것은 인간의 본성에 맞지 않고 더 이상 성과를 내기 어려울 것이라 판단한다. 직원들에게 많은 자유를 주어 그들이 사명감을 갖고 열정적이고 창의적으로 일하게 하는 혁신적인 기업의 강점을 강조한다. 홀푸드, 고어와 구글 등이 이런 성격의 혁신적인 기업에 속한다. 이 기업들은 직원들의 열정과 창의력으로 매우 빠른 성장을 기록하고 있다.

우리가 주목해야 할 기업은 이런 유형의 기업이다.

하버드대학의 역사학자 데이비드 랜즈 교수는 《국가의 부와 빈곤 The Wealth And Poverty Of Nations》에서 그 많은 나라 중 유럽 서쪽에 치우친 영국에서 산업혁명이 가장 먼저 일어났던 원인을 독특한 시각에서 분석한다. 그것은 영국이 일찍이 사람들에게 개인적 자유를 부여하고 지식과 기술의 개발을 촉진하는 사유재산제도와 안정된 정부, 자유로운 사회·문화를 가장 잘 갖추었기 때문이었다고 주장한다. 여기에서 주목할 점은 산업혁명의 주된 원동력이 풍부한 자원이나 노동력이 아니라는 것이다. 국가나 사회가 개인들의 자유로운 활동을 촉진할 제도와 문화를 갖추는 일이 더 중요하다는 점이 부각된다. 기업뿐 아니라 국가에도 같은 경영 원리가 작용하고 있다고 할 수 있다.

'위대한 기업'과 사람의 역할

짐 콜린스는 '위대한 기업'이라는 개념을 만들어 이 기업들이 어떤 특성을 갖고 있는지 분석했다. 21명의 팀원들과 그는 〈포춘〉지가 1965년부터 1995년까지 '포춘 500기업'으로 선정했던 미국 공개 기업 총 1435곳을 대상으로 15년의 조사 대상 기간을 정해 실적을 조사했다. 그 기간에 누적 주식 수익률이 시장 평균의 최소 3배 이상이 됐던 기업 11개를 선별해 내고 이들을 '위대한 기업'으로 지정한 것이다.

그리고 이 '위대한 기업'이 동종 업계의 다른 비교 대상 기업과 비교해 볼 때 어떤 점에서 차별화되어 위대한 실적을 낼 수 있었는가를 집중 분석했다. '위대한 기업'과 비교 대상 기업에 대해 언론 보도 기사, 재무제표, 리더십의 스타일 등을 분석하고 경영진을 인터뷰해 비교하며 체계화해 공통적인 특징을 찾아낸 것이다.

《좋은 기업을 넘어 위대한 기업으로Good to Great》(2001)라는 저서에서 '위대한 기업'을 일구어 낸 리더들은 '사람 먼저 …… 다음에 할 일'

을 생각한다고 정리한다.

핵심 포인트는 버스(기업)를 어디로 몰고 갈지 생각하기에 앞서 적합한 사람들을 먼저 버스에 태운다(그리고 부적합한 사람들을 버스에서 내리게 한다)는 것이다.

'적합한 사람'들을 버스에 태우고 나면 그들 스스로 동기를 부여하며 주인 의식을 갖고 창조적으로 일을 해 최선의 성과를 낸다는 것이다. 여기에서 '적합한 사람'의 기준으로 학력, 지식, 기술과 경험보다도 '품성'에 더 중점을 둔다. 전문 지식, 기술 등은 나중에라도 가르치기가 비교적 쉽지만 품성은 타고나는 측면이 강하기 때문에 쉽게 가르칠 수 있는 게 아니라 보는 것이다.

다시 말하지만 짐 콜린스의 견해도 쓸 만한 사람을 채용해서 일할 여건을 만들어 주기만 하면 나머지는 그 사람들이 다 알아서 하게 된다는 것이다. 그래서 주인 의식을 가진 쓸 만한 사람이 중요하게 된다. 많은 경영 서적에서 강조하는 바와 같이 '위대한 기업'이 된 기업들은 천문학적인 보수를 받는 스타급 리더가 카리스마적인 리더십을 발휘해 이룩한 성과가 결코 아니었다. 더구나 이런 결론은 이론적인 추론을 통한 결과가 아니라 많은 성공 기업의 사례를 구체적으로 분석한 결과이기에 더욱 의미가 있다. 앞에서 내가 소프트 스킬을 특별히 강조한 것도 이런 이유에서 비롯된다. 우리가 할 일은 바로 그 쓸 만한 사람이 되는 것이다.

경영의 구루로 인정받는 짐 콜린스의 이 저서는 세계적인 베스트

셀러가 되어 사람들이 많이 인용하는 연구 보고서이다. 그러나 이 책은 2008년 세계 경제 위기로 크게 빛이 바랬다. 그가 위대한 기업으로 칭찬한 페니메이, 서킷시티 등이 경제 위기 와중에 몰락했기 때문이다. 그는 재빨리 《위대한 기업은 다 어디로 갔을까》라는 책을 2009년에 발간해 위대한 기업이 몰락해 가는 5단계의 과정을 상세하게 분석해 명예를 회복하려 했다. 그가 여러 기업의 몰락 과정을 분석하면서 찾아낸 '핵심 요직에 맞는 적임자를 판단하는 기준' 은 우리가 참고할 만한 가치가 있다.

① 기업의 핵심 가치를 이해하고 실천하는 사람
② 엄격하게 관리하고 통제할 필요가 없는 사람
③ 단순히 '직장' 을 찾은 것이 아니라 '책임감' 이 주어졌다는 것을 이해하는 사람
④ 약속한 것을 반드시 지키는 사람
⑤ 회사와 일에 열정이 있는 사람
⑥ '창문' 과 '거울' 을 구분하는 성숙한 사람, 즉 회사가 성공할 때에는 창문 속의 동료를 칭찬하고 어려움에 처해서는 거울 속의 자신에게 책임을 묻는 사람

결국, 표현은 좀 다르나 회사에 맞는 인재는 우리가 앞에서 논의한 경쟁력 요소 중에서 주인 의식, 책임감, 열정, 성실, 회사에 대한 충성심 등을 지닌 사람이다. 그러한 역량을 갖춘 사람이 핵심 요직에 맞는 적임자인 것이다.

'위대한 기업'에서 '사랑받는 기업'으로

짐 콜린스가 '위대한 기업'이라는 기준을 제시한 것과 달리 라젠드라 시소디어, 데이비드 울프, 잭디시 세스 등 3인은 '사랑받는 기업 Firms of Endearment'이라는 더욱 진취적인 기준을 제안한다. 대체 어떤 기업들이 사랑을 받는 기업일까?

그들의 공저 《위대한 기업을 넘어 사랑받는 기업으로Firms of Endearment: How World-class Companies Profit from Passion and Purpose》(2007)에서 정의한 '사랑받는 기업'은 기업을 둘러싸고 있는 '이해 당사자' 그룹인 사회, 파트너, 투자자, 고객 및 직원 등으로부터 사랑을 받는 기업이다. 저자들은 전 세계에 걸쳐 선정된 기업인, 교수, 학생, 소비자 등 수천 명에게 "당신이 사랑하는 기업에 대해 말해 주세요."라는 질문서를 보내 그들이 '사랑하는 기업'을 먼저 추천하게 했다. 그러고 나서 추천된 수백 개 후보 기업들이 '이해 당사자'들을 어떻게 대우하고 있는지에 대해 양적·질적 성과 지표를 만들어 개별적으로 평가하는 방식으로 진행했다.

위 두 보고서의 차이는 무엇일까? '위대한 기업'이 주식 수익률이라는 양적인 재무 지표가 특출한 11개 기업을 선정한 다음에 그들의 특징을 분석한 반면, '사랑받는 기업'에서는 주로 '사랑하는가'라는 감성적인 기준으로 먼저 30개 기업을 선정한 다음 그 기업들의 경영 성과를 사후에 분석했다는 데에서 차이가 있다.

이렇게 분석해 보니 '사랑받는 기업'에서 수익률 등의 양적인 경영 성과가 '위대한 기업'보다 월등히 좋았을 뿐만 아니라 직원들을 존중하는 경향이 더 뚜렷한 것으로 나타났다. 이 유형의 기업들은 월급,

복지 후생을 높게 책정할 뿐만 아니라 직원들을 존중하며 심리적인 만족도까지 높여 주도록 배려한다는 것이다. '사랑받는 기업'이 1차적으로 이해 당사자로부터 '사랑받는가'라는 감성적인 기준을 적용했기 때문에 직원들을 더 존중하는 결과가 나온 것은 당연하다. 그러나 양적인 성과 면에서도 재무 지표 중심으로 선정된 '위대한 기업'보다 더 좋다는 것은 아주 중요한 의미가 있을 것이다. 재무 성과에 집착하는 경영이 아닌 '이해 당사자'와 직원을 존중하는 경영이 훨씬 더 좋은 성과를 낸다면 경영 이론을 바꿔야 하지 않을까?

'사랑받는 기업'들은 헌신적인 직원이 헌신적인 고객을 만든다는 신념에서 직원들에 대한 교육훈련에도 많은 투자와 노력을 한다. 예를 들어 '컨테이너 스토어'는 신입 사원에게 1년 차에 235시간, 2년 차에는 160시간 이상의 교육을 시킨다. 미국 소매업의 평균 직원 교육 시간이 연간 7시간이라는 것과 비교하면 '컨테이너 스토어'의 교육 정도가 얼마나 높은지 이해할 수 있을 것이다. 이 회사는 2003년에 '직원들에게 동기를 부여하고 교육을 잘 시킨 기업'이라는 상도 받았다.

세계 최대 기업인 월마트는 이런 기준에서 어떤 평가를 받을까? 월마트는 세계 최대 기업이지만 노조를 인정하지 않고 의료보험료 등의 인건비를 아끼기 위해 정규직을 기피하고 비정규직을 채용하는 '사랑받지 못하는 기업'이다. 재무 지표를 토대로 분석할 때는 월마트가 세계적인 기업 반열에 오르겠지만 '사랑받는 기업'의 기준에서 인간 중심의 평가를 하면 결과가 전혀 달라진다.

반면에 사우스웨스트 항공은 '위대한 기업'에는 들지 못했지만

'사랑받는 기업'에는 포함됐다. 사우스웨스트 항공은 종업원들을 존중해 미국 최대의 항공사로 성공한 대표적인 기업이다.

여기에서 잠깐 생각해 보자. 왜 지금의 청년들은 대기업과 공기업만 선호할까? 현재 보수도 높고 잘나가는 공기업 또는 대기업과 다소 보수도 낮고 덜 알려졌지만 종업원을 존중하는 기업 중 어느 쪽을 선택할 것인가? 지금 잘나가는 기업이 앞으로도 계속 그럴 것이라고 생각하면 안 된다. 지금 최고의 근무 조건을 갖춘 기업도 그 성과를 계속 유지하지 못하면 그런 대우를 계속할 수가 없다. 기업의 지속 가능성도 좋은 사람을 확보해 역량을 끊임없이 강화해야 유지되는 것이다. 직원을 존중하고 사랑하는 기업이 우선이다. 그런 기업은 지금 당장은 비록 규모도 작고 덜 알려져 있더라도 발전 가능성이 높은 기업이다. 뒤에서 그런 몇몇 기업들을 소개할 것이다.

개인의 취업 능력, 즉 나의 경쟁력은 완성된 게 아니다. 지속적인 학습을 통해 능력을 개발하지 않으면 지금 지닌 능력마저 퇴화될 것이다. 이런 관점에서 지금 당장 잘 대우해 주는 기업보다 나의 경쟁력을 계속 키워주고 일할 의욕을 불러일으키는 기업을 선택하는 게 중요하다. 또 중요한 임무를 수행해 볼 기회를 주고 창의력을 발휘할 수 있는 환경을 갖추고 있어, 다양한 경력을 쌓아 가면서 나의 경쟁력을 크게 신장시킬 수 있는 기업을 선택하는 게 최선이다. 이런 면에서는 건실한 중소기업이 더 돋보인다.

우리가 여기에서 집중적으로 논의하는 사람 중심의 경쟁력이라는 관점에서 보면 '사랑받는 기업' 모델이 짐 콜린스의 '위대한 기업' 모델보다도 더 설득력 있게 다가온다. 왜냐하면 '사랑받는' 기업들은 소속된 사람을 존중하고 능력을 최대한 발휘하게 하는 즉, 사람을 경쟁력의 원천으로 보는 시각이 더 강하기 때문이다.

'보통 사람'이 중심이 되는 기업

사람 중심의 경쟁력을 주장하는 대표적인 경영학자는 제프리 페퍼 Jeffrey Pfeffer 교수이다. 미국 스탠포드 대학의 조직행동학 교수인 그는 고성과를 내는 많은 기업의 조직 행동 사례를 연구해 왔다. 수많은 사례 연구 끝에 그는 기업이 경쟁력의 우위를 차지하려면 사람 중심의 경영 전략을 취해야 한다는 사실을 알아냈다. 그는 우리나라에서 이런 내용으로 몇 차례 강연하고 인터뷰해서 우리에게 친숙한 경영학자이다. 페퍼 교수는 《사람이 경쟁력이다》, 《휴먼 이퀘이션》, 《숨겨진 힘》 등 여러 저서를 통해 현대는 지식 기반 경제를 넘어 창조성 기반 경제로 전환되는 시대이며, 지식과 창의력의 원천은 사람이므로 사람의 역량을 극대화해 발휘하게 하는 게 기업 경쟁력의 핵심이라고 주장했다. 그리고 핵심 경쟁력 요소인 사람의 역량을 극대화하도록 기업의 조직 문화와 시스템을 혁신하느냐 못하느냐 하는 것이 전략적 경쟁 요소의 성패를 좌우한다고 했다.

사람을 중시하자는데 어떤 사람을 더 중시할까?

오레일리와 페퍼 교수는 사람 중에서도 '뛰어난 인재'가 아니라 '보통 사람들'이 위대한 기업을 만들 수 있다는 것을 실증적으로 보여준다. 두 교수는 공동으로 저술한 《숨겨진 힘: 사람 Hidden Value: How Great Companies Achieve Extraordinary Results with Ordinary People》(2000)에서 다음과 같이 강조한다.

이 책에서 소개하는 기업들은 기본적으로 직원들이 경쟁 업체의 직원들과 특별히 다르거나 더 똑똑한 것이 아닌데도 그와 같은 탁월한 성과를 거둘 수 있었다. 결국 이 기업들은 인재 전쟁에서 승리를 거둔 것이다. 그러나 그것은 이 기업들이 우수한 인재를 확보했기 때문이 아니라, 기존 직원들의 잠재력을 극대화할 수 있는 방법을 알고 있었기 때문이다. 이 기업들은 경쟁 업체들과 새로운 인재를 확보하기 위한 경쟁에서 승리한 것이 아니라, 단지 기존의 직원들이 의욕을 가지고 자신들의 능력을 마음껏 발휘할 수 있도록 만들었을 뿐이다.[12]

바깥에서 특출한 인재를 찾겠다고 애쓰지 말고 이미 회사 안에 자기 가족이 되어 있는 기존 직원들이 마음껏 일할 수 있는 여건을 만들어 주는 데 더 노력하라는 것이다. 이 책은 그런 기업이 최고의 기업이 될 수 있다는 것을 사우스웨스트 항공 등 8개 기업의 사례를 집중적으로 분석해 보여 준다.

오레일리와 페퍼 교수는 '사람을 중심'으로 성공하는 기업의 성공 비결이 언뜻 보기에는 간단해 보이지만 다른 기업이 모방하기는 쉽지 않다고 지적한다. 성공한 기업으로부터 하드웨어나 경영관리 기법 등은 쉽게 모방할 수 있을 것이다. 그러나 사람을 중시하는 기업의 가치와 철학, 사람들로 하여금 자신의 역량을 강화하고 발휘하게 하는 문화와 시스템 등은 그것을 형성하는 데 오랜 기간이 소요된다. 사람 중시 문화와 의식·정신 등은 눈에 보이지 않는 중요한 자산으로서 단기간에 쉽게 모방할 수 없다. 그래서 끈기 있게 이런 문화를 형성해 가지 않고 겉으로 드러난 외부적인 기법만을 모방해 단기간에 성과를 내려는 시도는 성공하지 못한다는 것이다. 수많은 기업 중 사람의 경쟁력을 강화해서 성공한 기업이 많지 않은 것은 이런 이유 때문이다.

즉, 지식과 기술 중심의 하드 스킬 같은 경쟁력이라면 기업에서 집중적으로 투자하고 노력하면 비교적 단시간 내에 형성할 수도 있다. 그러나 열정, 자부심, 주인 의식, 충성도 등 사람들의 성격, 기질, 감성 등이 반영되는 소프트 스킬 경쟁력의 강점은 쉽게 모방할 수 있는 것이 아니다. 감성과 창의력은 기업 내의 문화와 분위기, 시스템으로 조성되고 만들어지지 의식적으로 노력한다고 단시간 내에 형성되는 것은 아니다.

이러한 원리는 기업이 아닌 국가의 경우에도 마찬가지이다. 제도와 문화가 갖춰져야 기술 개발도 가능하고 이를 이용하여 산업화하고 경제가 성장하게 되는 계기도 열린다. 종이나 인쇄술은 중국에서 세계 최초로 발명됐지만 개인의 경제활동을 억압하고 지배 계층이 학문을 독점하는 절대왕정과 관료제로 인해 문화를 확산하는 데 활용되지 못했다. 반면 유럽에서는 이런 기술을 받아들여 지식과 기술을 민간에 보급하는 데 적극 활용했다.

방직업은 영국에서 산업혁명을 촉발하게 되는 핵심 산업이다. 17~18세기에 걸쳐 인도의 면화 산업은 경쟁자가 없을 만큼 세계 최고의 수준이었다. 그러나 손으로 하는 작업을 기계화하려는 의욕이나 인센티브 제도가 없어 인도에서는 산업혁명으로 이끌지 못하고 영국으로 건너가서 산업혁명의 꽃을 피우게 된다.[13]

다시 한번 강조하건대 여러분이 성공하기 위해 모름지기 선택해야 할 곳은 브랜드만 일류인 기업이 아니라 자기의 능력을 마음껏 발휘할 수 있는 일류 시스템을 갖춘 기업이어야 한다. 최소한 그런 성향의 상사를 찾아 가야 한다. 우리나라 청년들은 자기의 능력이나 성격과 원하는 기업의 가치, 기업 문화 등을 따지지 않고 대기업, 공기업 브랜드를 무조건 선호하는 경향이 있다.

권위적이고 관료적인 공기업에서 자유분방한 기질의 창의적인 인재는 역량을 발휘하기가 쉽지 않다. 반대로, 기존 가치에 순응하고 보수적인 성향의 사람은 중소 벤처기업에 맞지 않을 것이다. 그래서 기업을 선택할 때 브랜드만 볼 것이 아니라 그 기업 문화와 자기의 성격이나 가치관이 서로 맞는지 따져 보아야 한다. 삼성과 LG는 기업 문화가 다르다. 문화가 다르면 그 기업에서 선호하는 인재의 유형도 다르다. 이런 것을 별로 심각하게 생각하지 않고 무조건 브랜드만 좇아 취업하면 나중에 후회한다. 목표가 취업이 아니라 그 기업에서 CEO 위치까지 오르는 것이라면 당연히 이를 검토해 봐야 할 것이다.

사우스웨스트 항공 창업자이자 CEO를 역임한 캘러허 회장이 회사 창립 25주년 기념사에서 한 유명한 연설은 그의 창업 철학을 담고 있다.

종업원, 고객, 주주 중에서 기업에게 누가 가장 중요합니까? 나에게는 처음부터 문제가 되지 않았습니다. 종업원이 첫째이기 때문입니다. 종업원이 행복하고, 만족하며, 헌신적이고 에너지가 충만하면 고객에게 서비스를 잘하게 됩니다. 고객이 행복하면 그들은 다시 오게 됩니다. 그러면 그것이 주주도 행복하게 만듭니다.[14]

여기에서 특히 중요한 점은 오레일리와 페퍼가 지적한 바와 같이 사우스웨스트 항공 사례가 특출한 리더 몇 사람만의 노력으로 이루어진 게 아니라 회사의 보통 사람들(종업원)로 인해 가능하게 되었다는 것이다. 급변하는 경영 환경에서 기술 하나에 의존하는 것보다 내부 종업원들의 역량과 창의성을 믿고 이들이 새로운 수요에 맞게 자기의 능력을 마음껏 개발하고 발휘하게 하는 문화의 중요성을 강조한 연설이다. 다른 기업이 이를 모방할 수 없는 이유는 이런 기업의 경쟁력이 경영관리 기법에서 비롯된 게 아니라 그 기업의 가치, 이념, 철학, 시스템에서 비롯된 것이며, 그것도 상당 기간에 걸쳐 형성됐기 때문이다.

월마트 사례의 교훈

앞에서 인용한 《위대한 기업을 넘어 사랑받는 기업으로》에서 대표적으로 '사랑받지 못하는 기업'의 하나로 월마트가 거론된다. 특히 월마트는 비정규직을 대거 채용하고 노조를 인정하지 않는 등 종업원들에 대한 인식에서 문제가 있는 것으로 평가되고 있다. 그러나 월마트의 설립자인 샘 월튼은 존 휴이와 공저한 자신의 자서전 《샘 월튼: 불황 없는 소비를 창조하라Sam Walton: Made in America》에서 다음과 같은 말을 하면서 종업원 (사람)의 중요성을 강조한다.

다시 말하자면 급료나 격려금을 통해서든, 보너스나 주식 할인을 통해서든 동료들과 이익을 나누면 나눌수록 더 많은 이익이 발생한다는 사실이다. 그 이유는 무엇일까? 그것은 경영자가 종업원을 다루는 방식이 그 종업원이 고객들을 다루는 방식과 직결되기 때문이다. 만약 종업원들이 고객들에게 친절하게 대하고 그래서 고객들이 상점에 더 많이 오게 된다면 그것이야말로 사업에 진짜 이익이 되는 부분이다.(pp.201~202)

이 말은 바로 위에서 인용한 사우스웨스트의 창업자 캘러허 회장의 말과 아주 비슷한 내용이다. 월튼 회장은 종업원들을 '동료' 라고 부르며 동료들과 회사의 관계를 '동반자 관계' 로 정립하려 노력했다. 낮은 임금을 보상하기 위해 모든 종업원을 대상으로 하는 이익 분배제, 주식 할인 구매 제도, 성과급제, 회계·매출 정보 공유제, 펀 경영 등으로 사기를 올리려 노력했다. 이러한 자기 나름의 사람 우대 전략과 낮은 가격, 편리성, 혁신적인 판매 기법을 무기로 월마트를 세계 최대 기업(전 세계에 8,500개의 매장, 종업원 2백만 명 수준)으로 성장시키게 된다. 2003년과 2004년에는 '포춘' 지에서 '가장 존경받는 기업' 1위로 선정되었다고 한다.

그러나 위와 전혀 상반된 평가도 있다. 낮은 가격을 유지하기 위해 종업원과 납품 업체에 과도한 부담을 지운다는 것, 그래서 결국 사회적 비용이 더 크다는 지적 등 월마트는 비판적인 여론에 직면한다. 월마트의 노사 관계에 대해서는 오랜 기간에 걸쳐 많은 지적이 있어 위키피디아에는 '월마트에 대한 비판' 이라는 제목의 비판 글까지 정식으로 게재되어 있는 실정이다.("Criticism of Wal-mart", Wickipedia, 2011.3.5)

월마트는 저임금, 노조에 대한 적대적 입장, 비정규직 중심의 인사 운용, 불법 이민자 고용 등으로 종업원들의 불만을 샀고, 그 결과가 높은 이직률(채용 첫 해에 70%가 이직)로 나타나고 있다. 여러 요인이 월마트의 성장률을 지체시키고 기업 내부 고객과 협력 기업 등으로부터 '사랑받는 기업'으로 분류되지 못하는 결과를 초래한 것이다. 시소디어 등의 저자들은 《위대한 기업을 넘어 사랑받는 기업으로》에서 컨테이너 스토어, 웨그먼스 푸드마켓, 코스트코 등 다른 경쟁 업체와 비교할 때 월마트의 이런 정책이 특히 많은 부작용을 초래하고 있음을 지적하고 있다.

월마트는 우리나라에도 진출했으나 바로 비정규직 중심, 무노조 정책 등의 부작용으로 인해 한국에 정착하지 못하고 철수하고 말았다. 한국 소비자의 독특한 소비 행태·기호를 무시하고 당연히 월마트 방식이 주효하리라는 경영관이 한국의 민감한 소비자로부터는 지지를 받지 못한 것이다.

식품 체인점 웨그먼스의 성공 사례

웨그먼스의 직원들에 대한 대우와 존중은 특히 주목할 만하다.[15] 이 회사는 직원들이 고객들로부터 경쟁사나 다른 어떤 곳에서도 만날 수 없는 훌륭한 직원이라는 평가를 받게 해야 한다고 생각한다. '종업원에 대한 헌신과 그들을 통한 고객에 대한 헌신'은 기업의 철학을 넘어 생존 전략이라고 본다. 거대한 경쟁자 월마트가 존재하는 상황에서 다른 경쟁자와 차별화하기 위해서는 종업원들을 지식 근로자로 교육해 이들이 식재료에 대한 전문 지식을 갖고 그것을 가공·요리하는 지식까지 갖추도록 해야 한다고 생각한다.

예를 들면 육류와 생선을 판매하는 직원들에게 30~55시간의 대학 교육과정을 이수해 관련 지식을 배우게 한다. 또 해외 선진 업체에 대한 시찰·연수 기회도 제공한다. 직원들이 고객들로부터 좋은 평가를 받으면

광고비와 다른 마케팅비에서 줄일 수 있게 되어 궁극적으로는 더 낫다는 원리를 강조하고 있다.

모든 직원들에게 고객 만족을 위해서라면 무슨 일이든지 할 수 있는 재량권이 주어진다. 여기엔 직원에 대한 보상은 비용이 아니라 인적 자원에 대한 중요한 투자라는 생각이 깔려 있다. 웨그먼스의 직접 노동비용은 15~17%로 업계 평균 12%보다도 높다. 이렇게 종업원들을 존중해 투자함으로써 종업원을 만족시키고 그로 인해 고객을 감동시키게 된다. 웨그먼스의 영업 이익률은 업계 평균의 두 배에 이른다.(pp.117~121)

일류 기업에는 최고의 인재들이 몰려들어 더 발전하기 쉽다. 그러면 처음부터 일류의 인재를 확보하지 못하면 일류 기업이 되지 못하는 것일까? 그렇지 않다. 오레일리·페퍼 교수의 주장과 같이 일류 인재가 아닌 사람이라도 기업 내에서 잘 교육하면 이들이 일류 인재가 되고 회사를 발전시키는 원동력이 된다. 회사가 필요로 하는 일류 인재의 요건은 회사마다 다를 수 있다. 이 다양한 요구를 충족시키는 일류 인재가 바깥에서 미리 완성ready-made되어 언제든지 활용될 수 있기를 기대하기는 어렵다. 회사에서 적당한 자질을 갖춘 사람을 뽑아 잘 교육하고 동기부여하고 사기를 높여 일류의 인재로 만드는 게 지름길이다. 짐 콜린스나 나가노리 시게노부 회장 등의 인재관이 바로 그런 것이다. 여러분이 선택해야 할 기업은 자신을 인재로 만들어 주고 인재로 대우하는 곳이다.

인간 경영의 실패로 망한 엔론

CEO가 직원들을 어떤 시각에서 보느냐에 따라 같은 기업이라도 성과가 엄청나게 달라진다. 이러한 사례를 엔론의 경우에서 확인할 수 있다.

엔론은 2001년 부도가 나기 전까지 2만여 명의 종업원과 연 매출 1천억여 달러를 자랑하는 미국 7대 기업에 속하는 대기업이었다. 엔론의 사례는 마이클 셔머의 《진화경제학Mind of Market》(2008)에 잘 분석되어 있어 이를 인용해본다.(pp. 387~393)

엔론은 1986년부터 1996년까지 리처드 킨더가 회장으로 재임할 때 매우 효율적인 경영 시스템과 투명한 지배 구조를 자랑했으나 1997년부터 2001년까지 제프 스킬링이 회장으로 재임하면서 견제와 균형이 무너지고 결국 파산하고 만다. 리처드 킨더 회장은 회사 업무 전반에 대해 투명성을 기하면서 모든 업무 진행 상황을 철저하게 점검했다. 그러면서도 가족 같은 분위기를 만들어 종업원들의 개인 생활에도 관심과 배려를 갖고 충성심을 유도했다.

그러다가 1997년 제프 스킬링이 회장으로 취임하면서 모든 게 바뀐다. 제프 스킬링 회장은 하버드 MBA로서 맥킨지 컨설턴트 출신이며 리처드 도킨스의 《이기적 유전자》를 읽고 인간은 극심한 경쟁과 적자생존에 따라 진화한다고 믿었다. 그는 회사 내에 동료 평가 위원회를 두고 종업원들을 1~5등급으로 평가했다. 엄격한 평가와 냉정한 과학적 경영관리 시스템을 적용하면 회사 실적을 크게 끌어올릴 수 있다고 판단한 것이다. 평가에 따라 매년 가장 낮은 5등급을 받은 20%의 종업원은 회사를 그만두게 된다. 그 결과 종업원들은 극심한 불안감에 휩싸이며 상호 간 치열한 대립과 반목, 실적 경쟁을 하게 되는 상황에 몰린다. 엄격한 평가와 과도한 보너스 시스템은 부서 상호 간, 임원 간 숱한 뒷거래와 막후 담합, 실적 조작, 회계 부정 등의 부작용을 초래했고 결국 회사를 도산하게 만든다.

엔론의 경우는 최고의 실적을 올리던 기업도 사람에 대한 잘못된 사고를 가진 최고경영자가 등장하면 오히려 기업을 망칠 수도 있다는 교훈을 준다.

이제까지의 논의에서 우리는 사회적 경쟁력을 키우는 가장 중요한 장場이 기업이므로 사람을 중시하고 그러한 제도와 문화를 갖춘 기업으로 가야 한다는 것을 강조했다. 이러한 기업에서는 자기의 열정을 발휘해 자기 가치를 실현하고 지속적으로 자신의 경쟁력을 강화해 갈 수 있다는 것을 명심해야 한다.

학력보다는 열정 있는 사람을 중시하는 기업

실제 경영 현장에서 사람을 중시하는 기업가를 찾아보자. 이런 기업에서 혼신의 힘을 다해 일을 하다 보면 여러분의 경쟁력이 저절로 강화되고 기업도 발전한다. 그래서 여러분도 크게 성공하게 된다. 대개의 CEO들은 사람이 가장 중요하다고 말한다. 그렇지만 현장에서 제대로 그 원칙을 지키는 사례는 흔하지 않다. 기업을 잘 선택해야 하는 이유의 하나이다.

나가모리 시게노부 회장의 일본전산 사례

"학력, 성적으로 잘 포장된 어설픈 정신 상태를 가진 일류보다 하겠다는 열정을 가진 삼류 인재가 더 낫다"는 주장을 하는 최고경영자가 있다. 신입 사원 면접시험에서 수험생들에게 점심 식사를 제공하고 나서 모두 돌려보낸다. 식사 시간을 재놓고 가장 빨리 먹은 사람 순서대로 선발한다. 또 목소리가 큰 사람, 화장실 청소를 잘하는 사람을 우선적으로 선발한다. 그가 바로 일본전산의 창업자인 나가모리 시게노부이다.[16] 나가모리 회장은 실제 출신 학교나 성적 등은 전혀 무시하고 이러한 파격적인 기준으로 신입 사원을 뽑은 적도 있다.

나가모리 회장의 신조는 "인재는 채용하는 것이 아니라 키우는 것"이다. 개인 간 능력의 차이는 평균 2배, 최고 5배 정도이지만 개인 간 의식, 열정, 의욕의 차이는 100배에 달한다고 본다. 그래서 의욕 있는 사람을 뽑아서 잘 교육하는 것이 훨씬 더 낫다는 주장인 것이다. 학력에 관계없이 목소리가 큰 사람은 자신감이 있는 사람이고 밥 빨리 먹는 사람은 긍정적인 사람이다. 가슴속에 불씨(열정)를 가진 이는 화장실 청소처럼 남들이 싫어하는 일도 서슴없이 할 수 있는 사람이다. 이런 사람이 기업을 발전시킨다.

반대로 그가 '믿음이 가지 않는 사원의 조건'으로 1983년에 내세운 것을 보자.

- 힘들 때 바로 도망가는 사원
- 자주 몸이 아파 쉬고, 지각하며 건강관리 의식이 없는 사원
- 쉽게 남의 일처럼 발언하는 평론가 사원
- 끝맺음이 어설픈 사원
- 쉽게 '하겠다'고 말하지만 약속을 지키지 못하는 사원

말만 앞세우고 실천, 의욕이 없는 사원은 신뢰가 가지 않는 사람이다. 일류 기업과 삼류 기업의 차이는 제품의 질이 아니라 직원들의 질에 달려 있다고 본다.

그는 이러한 신념으로 1973년에 4명으로 설립한 소형 모터 회사 일본전산을 전 세계에 140개 계열사, 종업원 13만 명을 아우르는 소형 초정밀 모터 분야 세계 최고의 기업으로 키워냈다. 일본전산은 불황기에도 10배로 성장하고 손대는 분야마다 세계 1등을 하는 기업이다.

나가모리식 기술 개발은 일류 인력을 실험실에 배치해 연구 개발에 전념하게 하는 방식이 아니다. 학력·성적을 불문하고 의욕 있는 사람을 채용하여 끊임없는 자극과 교육을 통해 안 된다는 생각을 버리고 '할 수 있다'는 자신감으로 '즉시, 반드시, 될 때까지 한다'는 강한 집념과 끈기를 가진 인재로 키워낸다. 연구 개발에서도 통상 '일류' 스펙을 가진 사람보다 하려는 '의욕' 있는 사람이 '집념'을 갖고 하면 더 나은 성과를 낼 수도 있다는 것을 실천으로 보여준다.

이나모리 가즈오 회장의 교세라 사례

일본 교세라 그룹 창업자 이나모리 가즈오 회장은 지방대학 출신이다. 지금은 일본에서 가장 존경받는 '경영의 신'으로 알려져 있다. 초기에 지방대학을 나와 어쩔 수 없이 지방의 이름 없는 작은 기업에 취업을 하게 되니 일에 흥미가 나지 않았다. 한동안 방황하다가 마음을 바꾼다. 자기가 좋아하는 일을 하면 가장 좋지만 그렇지 못할 때에는 자기가 하는 일을 좋아하자는 것이다. '나는 이 일을 좋아한다'고 생각하게 되니 정말로 그 일이 좋아지고 일에 몰입할 수 있게 되었다는 것이다. 이나모리 회장은 《왜 일하는가》라는 본인의 저서에서 "하지 않을 뿐 못할 일은 없다"고 주장한다.

"아무리 작은 일이라도 적극적으로 집중하고 문제의식을 갖고 고민하며 개선하려는 마음가짐을 가진 사람과 그렇지 않은 사람에게는 장기적으로 보면 놀라울 정도의 차이가 생긴다."

생각의 차이가 인생을 바꾼다. 결국 새로운 일을 해내는 이는 그 분야에 대한 풍부한 지식과 경험을 가진 전문가가 아니라 모험심을 갖고 자기의 혼을 넣어 최선을 다하는 사람이다.

일류 대학을 나온 사람이 열정까지 갖고 있다면 높은 경쟁력을 가졌다고 할 수 있다. 그런데 한 가지만 택해야 한다면 일류대 학력보다 열정을 택하는 게 훨씬 낫다. 몇 십만 명을 고용하는 세계적인 기업의 최고 경영자인 나가모리 회장이나 이나모리 회장의 인재관이 이러한데도 우리는 왜 청년들에게 그런 자질을 강조하지 않을까? 왜 아직도 대학생들이 성공과 별로 부합되지도 않는 토익과 학점, 봉사 점수 등의 스펙 쌓기에 청춘을 낭비하게 만드는가? 그것으로 인재가 되고 정말 경쟁력이 올라가는가?

다음 두 사람을 비교해 보자. H는 학력이나 어학 등 능력이 출중하지만 자신감이 지나쳐 다른 사람을 무시하고 대화와 협력도 하려 하지 않는 거만하고 폐쇄적인 성격으로 혼자서 모든 것을 주도하려 한다. M은 학력, 어학 등 스펙이 다소 미흡하지만 책임감이 강하고 목표에 대한 집념이 있다. 겸손하고 열린 마음으로 여러 사람의 협력을 얻어 매사에 적극적으로 대처해 해결하려 한다. 누가 더 유리할까?

스펙에 따라 채용을 한다면 H가 유리하다. 그러나 요새는 기업의 인재관도 바뀌고 심층면접 등의 면접 기법이 발달해 채용 단계에서 개인의 성향을 다각적으로 분석한다. 그 결과 H보다는 M을 더 선호하는 기업이 늘어나고 있다. 시간이 지날수록 경쟁력은 H형보다 M형 쪽으로 기울고 있다. 경쟁력은 성적순이 아니다.

학력, 어학 등 스펙에 고민하는 청년들에게는 나가모리 시게노부 회장에 관한 책, 김성호의 《일본전산 이야기》를 꼭 읽어 보라고 권하고 싶다.

열정과 프라이드를 모토로 경영

열정과 프라이드를 회사의 모토로 내세워 성공한 기업이 있다. 충남 아산에 있는 TSE의 권상준 사장은 '열정과 pride'를 자신의 좌우명으로 삼고 회사 곳곳에 커다랗게 써 붙이고 명함이나 브로셔 등에도 계속 사용한다. 구성원들에게 열정과 프라이드로 연구 개발하고 품질 개선하자고 촉구하는 것이다.

열정과 프라이드는 기본적으로 직원들의 자율과 책임을 전제로 하는 가치이다. 직원들이 프라이드를 갖고 주인 의식과 책임감으로 열정을 다해 준다는 신뢰를 전제로 하고 있다. 그래서 회사에 들어서면 하루 종일 열정이 넘치고 직원들은 프라이드를 갖고 자기 일에 몰두하는 분위기를 만들고 있다. 신입 사원도 얼마 지나지 않으면 뜨거운 열정을 체득하게 된다.

이 회사는 LED 검사 장비와 반도체 검사 장비 등 첨단 검사 장비를 만드는 제조업체이다. 1994년 창업한 중소기업이지만 이런 열정에 힘입어 벌써 이 분야에서 국내 1위, 세계 5위 수준에 오르며, 세계 10여 개국에 수출하는 기업으로 성장하고 있다.[17]

나는 학생들에게 했던 이야기를 여러분에게도 권고하고 싶다. 자부심이 없는 사람, 꿈이 없는 사람, 열정이 없는 사람과는 일을 같이 하지 말아야 한다. 회사에 취업하면 가장 바쁜 부서에 보내 달라고 요구하고 가장 바쁜 사람에게 일을 배워야 한다. 바쁜 부서는 그 회사에서 가장 중요한 부서이고 이러한 곳에는 그 회사에서 가장 유능하고 열정 있는 사람을 배치한다. 가장 유능한 사람에게 처음부터 배워야 제대로 배운다. 그런 상사에게 찾아가서 "저는 과장(부장)님 밑에서 일을 배우고 싶습니다. 저를 꼭 불러 주십시오." 이렇게 적극적으로 힘든 일을 자처하는 청년이라면 누구든지 주목하게 되고, 실제 그런 마음가짐으로 일하면 일류 인재가 될 것이다. 자부심도 없고 열정도 없는 사람에게는 배울 게 없다. 한산한 부서에서 '여유 있게' 직장 생활한다고 자랑하는 사람에게는 성공할 기회가 올 여유도 없다.

즐겁고 행복한 직장을 찾자

일본의 호리바제작소는 사훈이 '재미있고 즐겁게Joy and Fun'이다. 사내 교육이나 제안 제도에서도 어떻게 하면 직원들이 재미있고 즐겁게 일할 수 있는가를 연구하라고 한다. 그래야 창의력이 나온다는 것이 창업자의 생각이다. 호리바 마사오가 1945년 교토대학 재학 중 창업한 벤처기업에 뿌리를 둔 이 회사는 자동차 배기가스, 수질 대기오염 측정 장치 등의 분야에서 세계시장의 80%를 점유하는 초일류 기업이다. 이 회사가 독특한 사훈 말고도 다른 기업과 다른 점은 이익보다 사회에의 공헌을 중시한다는 것, 인재를 소중한 재산으로 중시한다는 것이다. 호리바 마사오는 "인재는 나와 다른 생각을 갖고 있어야만 존재 가치가 있다. 나와 똑같은 생각을 하는 직원에게서는 월급을 돌려받고 싶다"고 말할 정도로 개성을 존중한다. 그래서 고과 점수를 매길 때 실패에 따른 감점을 하지 않고 잘할 때만 가점을 준다.[18]

'불타는 구두'로 잘 알려진 ㈜안토니도 즐거운 직장의 대표적인 사례이다. 이 회사는 '1등 기업'이 아니라 '1등으로 행복한 회사'를 모토로 한다. 김원길 대표의 기업 철학은 《멋진 인생을 원하면 불타는 구두를 신어라》라는 자서전 제목처럼 정열적이다. 그의 지론은 '잘 노는 사람이 일도 잘한다'는 것이다. 직원들에게 직장 생활의 즐거움을 선사하기 위해 직원 레저용 벤츠 스포츠카를 구입한다. 주말에 데이트하는 사람이 1순위로 이용한다. 회사에 승마장을 만들고 비싼 말을 두 마리 구입해 직원들에게 승마 교육을 한다. 계절에 따라 수상스키, 승마, 모터보트, 스노보드 등을 주말마다 즐기게 한다. 그런데도 회사는 이미 매출 400억 원대로 컴포트 슈즈 시장에서 1위를 차지하고 있다. 중졸 학력인 그는 서울대 등 여러 대학에 초청받아 강연하면서 "불타는 열정이 있으면 꿈을 이룰 수 있다."고 대학생들에게 불타는 열정을 가지라고 촉구한다.

02

청춘의 경쟁력은
젊음만으로 완성되지 않는다

■ ■ ■

사회에서의 경쟁력 강화 학습

나의 경쟁력을 계속 강화하는 방법은 무엇일까?

사무라이는 자기의 무기인 칼을 항상 연마하고 검술과 체력 훈련을 해야 한다. 언제든지 싸울 수 있게 자기의 무기를 단련해 두는 게 무사의 책무이다. 마찬가지로 여러분의 경쟁력은 사회에서의 무기이므로 재학 중이나 졸업 후에도 지속적으로 갈고 닦아야 한다. 앞에서 나는 경쟁력을 하드 스킬(지식·기술)과 소프트 스킬(성격·기질, 직업관, 대인 관계 능력 등)로 구분했다. 취업 전의 지식과 기술은 기본적으로 학교 교육을 통해 학습한다. 학교에서 제공하는 내용이 기업의 수요와 다소 거리가 있다고 하더라도 대학마다 사정이 비슷하므로 졸업생 간의 격차가 크게 문제가 되지는 않는다.

반면에 졸업 후의 교육훈련에서는 자기가 필요한 교육과정과 교육 방법을 선택할 수 있으므로 학교 교육에 비해서는 더 융통성이 있다. 인터넷을 이용한 온라인 교육이나 교육훈련 기관의 교육과정 수강, 기업에서의 OJT, 자기 스스로의 학습 등 여러 가지 방법이 가능하다. 이러한 교육훈련이 평생을 통해 지속적으로 진행돼야 자기의 경쟁력을 잃지 않고 발전할 수 있다. 경쟁력을 유지·발전시키는 것은 여러분의 경제적·사회적 지위 향상의 지름길이다. 그래서 평생 학습은 선택의 문제가 아니라 생존을 위한 필수 과제이다. 하드 스킬뿐만 아니라 소프트 스킬도 지속적으로 학습해야 한다.

여기에서는 직업훈련 제도를 중점적으로 검토한다. 노동시장에서 직업에 필요한 능력을 개발하고 향상시키는 제도를 직업훈련 제도, 인적자원 개발 제도, 능력 개발 제도라고 한다. 모두 거의 같은 의미인데 사용하는 목적과 대상에 따라 다소 달리 사용되기도 한다. '직업훈련'과 '교육훈련'도 거의 같은 의미로 사용된다.

직업훈련 대상은 구직자와 실업자를 위한 훈련 과정과 기업에 현재 재직 중인 근로자를 위한 과정으로 구분할 수 있다. 하드 스킬인가 소프트 스킬인가는 교육과정을 선택할 때의 문제이다. 먼저 구직자와 실업자의 훈련 과정을 살펴보고 다음으로 재직자 훈련 과정을 논의한다.

청년 구직자가 이용할 직업훈련 과정은?

직업훈련을 받으려면 어디로 가야 할까? 우선 학교를 졸업하고 취업하기 전에 직업훈련을 받으려면 고용노동부 산하에 전국적으로 운영되는 '고용센터'에 가서 구직 등록을 하고 이용할 수 있는 프로그램을 찾아보는 게 유리하다. 이곳은 정부 기관이므로 신뢰할 수 있고 누구든지 무료로 이용할 수 있다. 우선 구직 등록을 해야 정부나 지방자치단체가 제공하는 여러 훈련 과정에 참여할 자격이 주어진다. 이러한 과정을 통해 지식과 기술을 보완하거나 여러 분야의 소프트 스킬을 연마할 수 있다. 학교를 졸업하고 취업 전에 구직 중에 있으면 법적으로는 '실업자'라고 한다. 아직 취업도 해보기 전에 바로 실업자라고 하면 잘 이해가 되지 않고 기분이 나쁠 수도 있으나, 취업할 의사를 갖고 구직 활동을 하고 있지만 아직 취업하지 않은 상태라는 의미이다.

구직자는 고용노동부가 주관하는 아래의 정보망에서 각급 공공·민간 교육훈련 기관의 다양한 훈련 정보를 구할 수 있다.

- 한국고용정보원이 운영하는 직업 능력 개발 정보망(www.hrd.go.kr)
- 한국산업인력공단이 운영하는 직업 능력 지식 포털
  (http:// portal.hrd.go.kr)

위 정보망에서 정부 각 부처나 지방자치단체가 지원하는 훈련이나 민간 훈련 계획, 훈련 과정별 정보, 지역별 정보 등을 찾아볼 수 있다. 대표적인 훈련으로 '직업 능력 개발 계좌제 훈련'과 '실업자 직업 능력 개발 훈련'을 소개한다.

직업 능력 개발 계좌제는 행정 용어로 '내일배움카드제'라고 불리는데 구직자에게 훈련 과정의 선택권을 주는 선진적 제도이다. 구직자가 고용 센터에 가서 직업 상담원과 상담하며 취업하기 위해 직업 훈련의 필요성이 있다고 인정되는 경우에 지원받게 된다. 1인당 200만 원의 계좌를 발급받아 자기가 선택하는 훈련을 자유롭게 받을 수 있다. 계좌의 금액 범위 내에서 '내일배움카드'라는 카드를 금융기관에서 발급받으면 이 카드로 훈련 과정을 희망대로 선택하고 결제할 수 있다.

훈련 과정은 고용노동부 직업 능력 개발 정보망에 등록된 1만 8000여 개(2010년 현재)의 훈련 과정 중에서 자기가 필요한 분야를 선택할 수 있다. 웹 디자인, 게임 그래픽, 금속 가공, 전산 세무회계 전문가 과정 등 취업에 도움이 되는 지식과 기술을 보완하는 훈련에 관한 것이다. 전체 훈련비의 20%는 훈련받는 사람이 부담하도록 되어 있고 출석 일수만큼 교통비와 식비도 지원받을 수 있다.

'실업자 직업 능력 개발 훈련'은 고용 센터에 구직 등록을 한 구직자를 대상으로 한다. 재학생은 자격이 없으므로 졸업한 후에 신청해야 한다. 대부분 취업을 위한 지식과 기술을 교육한다. 훈련 과정은 고용노동부 직업 능력 개발 정보망에 공고된 훈련 과정 중에서 선택할 수 있다. 대부분의 과정이 전액 국고 부담이며 교통비와 식비도 일부 지원된다.

구직자나 실업자에게 가장 중요한 것은 취업하는 일이다. 실업이라는 단어에는 바로 취업하기에 무언가 부족한 것이 있거나, 직장에서 다른 근로자에 비해 경쟁력이 떨어진다는 의미가 모두 포함돼 있다. 따라서 더 빨리 취업하려거나 더 나은 직장에 취업하려면 지금보다 더 경쟁력을 강화하는 게 중요한 과제이다. 실업자에게 직업훈련을 강조하는 것은 이런 의미가 있다. 적극적으로 생각하면 '취업하고 있을 때는 교육훈련 받을 시간도 없었는데 이왕 실직되었으니 이 기간에 교육받아 경쟁력을 더 강화해 두자'라고 생각할 수도 있다. 경쟁력 강화 기간으로 활용하라는 것이다.

또 학교에서 받은 교육에 추가해 기업 실무에서 직접 필요로 하는 지식과 기술을 배우는 기회이므로 구직자의 경쟁력을 향상시키는 매우 중요한 제도이다. '직업 능력 개발 정보망'이나 '직업 능력 지식 포털'에서는 직업훈련에 관련된 온·오프라인 훈련 과정 정보뿐만 아니라 근로자의 능력 개발을 위한 다양한 멀티 콘텐츠도 제공한다. 또한 개인이 자기의 경력과 필요에 맞는 맞춤형 훈련 계획을 수립하는 것도 지원한다.

재직자를 위한 능력 개발 훈련 과정

제프리 페퍼의 《휴먼 이퀘이션》에서는 다음과 같은 직업훈련 제도를 갖춘 나라를 소개하면서 가장 앞선 국가 경쟁력 요인의 하나를 가진 나라로 인용하고 있다.

50인 이상을 고용하는 기업은 인건비의 2%를 기술 개발 기금에 납입하도록 법률에 따라 강제된다. 그 후 기업이 교육훈련을 실제로 시행하면 기금에서 납입한 금액의 80%까지 돌려받는다.(p.365 일부 표현을 우리 용어에 맞게 수정했음.)

여기에서 예시한 나라는 싱가포르이다. 재직자를 위한 직업훈련 제도는 한 국가의 경쟁력을 평가할 때도 중요한 제도라는 것을 알 수 있다. 그런데 바로 우리나라도 이와 같은 제도를 1995년부터 시행하고 있다. 우리나라의 직업훈련 제도는 급속한 경제성장에 기여한 핵심 요소의 하나로 국제적으로도 많이 알려져 있다.

2010년 11월 나는 스페인에서 개최된 '고용 확대를 위한 직업훈련 발전'에 대한 국제회의에 초청돼 발표한 바 있다. 발표한 내용은 우리나라의 직업훈련 제도 발전 과정과 일자리 창출을 위한 교육훈련 정책 등이었다. 그곳에 참석한 선진국의 전문가들도 한국이 기업의 재직 근로자들을 지속적으로 훈련시켜 경쟁력을 강화하는 체계적인 제도와 재원을 갖고 있다는 데에 감탄했다.

다시 강조하건대 우리나라는 직업훈련에서 매우 선진화된 제도를 갖추고 있다. 한국이 '제조업 강국'으로서 명성을 갖게 된 것은 분명 숙련된 기술 인력의 역할이 결정적이라고 본다. 휴대폰, 반도체, LCD TV, 조선, 자동차 등 세계적으로 세련된 제품의 경쟁력은 한국인 고유의 예민하고 숙달된 손재주의 결과라고 보는 사람들이 많다. 타고난 손재주도 체계적인 훈련 과정을 거쳐야 경쟁력 있는 기술 인력으로 만들어진다. 여러분도 이러한 제도를 잘 선택해 자신의 경쟁력을 강화하는 기회로 활용해 보자.

고용 보험의 능력 개발 제도

우리나라 고용정책의 근간을 이루는 고용 보험제는 근로자의 경쟁력 강화와 밀접하게 연관되어 있다. 고용 보험제에서 직업훈련 제도(능력 개발 제도)는 핵심적인 제도이다. 근로자 개개인의 직업 능력, 우리의 용어로는 경쟁력을 강화함으로써 고용의 안정을 도모하자는 구상이기 때문이다. 법 제정 당시 노동부의 고용정책 과장으로서 나는 이 제도를 통해 우리나라 근로자들에게 직업 생활 내내 지속적으로 교육훈련을 받을 수 있는 기회를 제공해 경쟁력을 강화하자는 목표를 세웠다. 기업에 재직하고 있는 근로자와 실업 상태의 모든 근로자에게 노동시장에서 지속적으로 직업 훈련을 받을 수 있는 기회를 제공하고 고용 보험 제도에서 재원을 지원하고 인센티브를 제공하겠다는 기획이었다.

마침 기술 변화 속도가 빨라지고 국제 경쟁이 갈수록 격화되고 있어 기업도 근로자에 대한 지속적인 훈련의 필요성을 느끼고 있었다. 또한 노조 입장에서도 고용 보험 기금을 통해 국가가 근로자에게 직업훈련 기회를 주어 경쟁력을 강화하자는 의견은 환영할 만한 사항이었다. 그래서 '직업훈련 제도'를 더 분명하게 직업적 능력을 개발한다는 목표를 갖는 '직업 능력 개발 제도'로 용어를 변경한 것이다. 이로써 재직 근로자와 실업자를 망라해서 평생에 걸쳐 지속적인 훈련 기회를 제공할 수 있는 야심 찬 제도를 설립하게 됐다.

현행 능력 개발 제도에 따라 기업은 스스로 프로그램을 기획해 재직 근로자에 대한 교육훈련을 실시하거나 외부 기관에 위탁해 훈련할 수 있다. 근로자 본인은 기업의 교육 프로그램에 참여하거나 독자적으로 대학이나 외부 교육기관의 프로그램을 선택해 참가할 수 있다. 이러한 교육 훈련은 고용 보험에서 지원한다. 훈련 과정이 워낙 광범위하고 지원 사업의 종류가 많으므로 앞에서 소개한 직업 능력 개발 정보망이나 고용 센터에서 더 많은 정보를 얻고 지원받을 수 있다.

사례: 금형 중소기업에 대한 기술 교육

여러분이 중소 제조업체에 근무한다고 가정할 때 어떻게 능력 개발을 할 수 있는지 구체적인 사례를 갖고 논의해 보자.

금형은 최첨단 하이테크 제품의 성능과 디자인을 결정하는 핵심 기술이다. 아무리 첨단 제품을 개발했다고 하더라도 설계와 디자인을 정교하게 구현하는 금형을 만들지 못하면 제품의 질을 담보할 수 없다. 또한 가격 경쟁력을 갖추어 대량 생산할 길이 없다. 아이폰이나 갤럭시폰 등 스마트폰에 새로운 소재와 감성을 담은 디자인을 그 의도대로 구현하려 해도 금형 기술이 필요하다. 금형 부문에서는 일본이 세계 최고 기술을 갖고 있고 우리는 열심히 그들을 추격 중이지만 아직 어느 정도의 거리가 남아 있다.

금형은 통상 우리나라에서 중소기업의 영역으로 간주되는 분야로서 업체의 80% 이상이 근로자 20인 이하인 영세 업체라고 한다. 대졸자들의 대부분이 기피하는 분야이다. 그래서 금형 기술 개발에 한계가 있다는 생각으로 대기업이 직접 뛰어들고 있다. 이중사출공법 같은 혁신적인 기술 개발은 자금과 인력이 많이 소요되므로 대기업이 할 수도 있겠으나 가급적 대기업과의 연계로 중소기업이 맡아 개발하도록 하고, 대기업이 적극 지원하는 체제가 더 나을 것 같다. 금형 기술은 오랜 숙련이 요구된다. 그래서 숙련 과정도 풍부한 현장 경험을 갖춘 선배가 OJT 방식으로 후배들에게 가르치는 방식으로 진행된다.

대부분 규모가 영세한 금형 중소기업 기술자들은 기술 향상을 위한 교육 기회가 매우 제한돼 있다. 이런 환경도 청년들이 중소기업 금형 업체를 더욱 기피하는 원인이 되고 있다. 업체의 규모가 작으면 여러 회사가 공동으로 교육훈련을 하면 된다. 이러한 공동 사업을 추진하려면 주도적인 기구가 필요하다.

한국기술교육대학교는 금형 산업 밀집지인 서울 독산동에 '첨단금형기술교육센터'를 만들어 2010년부터 운영하고 있다. 한기대가 한국금형공업협동조합, 생산기술연구원, 금형기술사회 등과 협정을 맺고 삼성전자 등 대기업과의 협조로 운영하는 방식이다. 삼성전자와 함께 천안에 설립한 전자 분야 중심의 첨단기술교육센터 운영의 노하우를 금형 분야에서 구현하려는 것이다. 여기에서는 제품 디자인, 시제품 생산, 금형 설계, 성형 해석, 금형 제작, 성형 테스트 등 금형의 전 과정을 포괄하는 체계적인 기술 교육을 담당한다.

이렇게 기업에 근무하는 근로자들의 지속적인 경쟁력 강화 프로그램을 지원하는 것이 고용 보험의 능력 개발 제도이다. 고가의 장비 구입이나 다량의 실습 재료비에 대한 부담 등으로 중소기업에서는 시도하기 어렵다. 이런 여건을 고려해 산업의 뿌리가 되는 핵심 부문의 기술 교육은 정부가 지원해야 한다. 첨단금형기술교육센터 사업단장 이우영 교수는 재직자 금형 교육이 활성화되면 "일본과 기술 격차를 해소하고 빠른 속도로 따라오는 중국과 어느 정도 거리를 두게 될 것"이라며 그 성과를 자신하고 있다.

프로 의식의 함양

어느 분야에서나 최고가 되어 성공하려면 프로 의식이 있어야 하고, 사회에서의 경쟁력을 결정하는 핵심은 바로 그것이라고 생각한다. 우리는 직장 생활을 통해서나 교육훈련을 통해서, 또 개별적인 노력으로 프로 의식을 함양하기 위한 노력을 강화해야 할 것이다.

진정한 프로 의식이란?

자기가 하는 일에 최고가 되기 위해 열정과 자부심을 갖는 것이 프로 의식professionalism이라고 생각한다. 프로 의식이라고 해서 프로 야구 선수, 축구 선수나 바둑 기사와 같은 예·체능 분야에만 적용되는 게 아니다. 그렇다면, 진정한 프로 의식이란 무엇일까? 이 분야의 전문가인 데이비드 마이스터는 진정한 프로의 조건으로 다음과 같은 것을 열거한다.[19]

- 자신의 일에 대해 자부심을 갖고 그 질을 높이기 위해 몰입한다.
- 책임감을 다하려 노력한다.
- 해야 할 일을 기다리지 않고 미리 예상하여 스스로 주도적으로 처리한다.
- 일을 성취하기 위해서는 모든 수단을 다 동원한다.
- 일에 적극 참여하며 주어진 일의 처리에만 머무르지 않는다.
- 그들이 서비스하는 고객, 모시는 상사를 위해 항상 일을 더 쉽게 하는 방법을 추구한다.

- 상사의 비즈니스에 항상 귀를 기울이고 그 일을 배우려 노력한다.
- 상사를 이해하고 그와 같이 생각하려 노력하며 상사가 부재중일 때는 그를 대신할 수 있게 준비한다.
- 팀플레이를 한다.
- 신뢰받고 정직하며 충성을 다한다.
- 개선하기 위한 건설적인 의견에 항상 귀를 기울인다.

이 조건은 '프로페셔널 비서'의 조건으로 제시해 본 것이지만 비서뿐만 아니라 화이트칼라, 블루칼라의 어느 직업에도 일반적으로 적용될 수 있다. 여기에서 프로 의식의 핵심은 '자기 일에 대한 자부심과 몰입'이다.

단순하게 보일 수 있는 비서 일도 이런 식으로 자부심을 갖고 열정을 다하면 결코 단순하지 않은 일이 된다. 이렇게 일해 주는 '프로 비서'가 자리를 비우면 상사는 당장 업무에 큰 지장을 받기 쉽다. 업무가 체계적으로 조직화되고 관리되는 외국계 회사에서 비서 일은 평범한 직무가 아니고 많은 경험과 전문성을 요하는 중요한 업무이다. 그냥 전화나 받고 커피 심부름을 하는 수준의 비서와는 차원이 다르다. 그런 비서는 고임금을 받게 된다. 즉 일하는 방법을 바꾸면 어떤 일도 부가가치를 높일 수 있다.

프로가 가장 자부심을 갖는 부분은 일에 대한 그의 능력일 것이다. 자부심이 일에 대한 집념과 헌신, 끊임없는 정진을 가능하게 한다. 프로로서의 자부심이 없으면 다른 사람으로부터 존경과 신뢰를 얻지 못한다. 진정한 프로는 어떤 직업에 있느냐, 직위가 높은가 낮은가,

학위가 무엇인가 등의 형식적인 것과는 관계없다. 요즘은 기술자는 많으나 진정한 프로는 찾기 어렵다고 한다. 진정한 프로인지의 여부는 자기 일에 대한 자부심, 품질에 대한 집념과 몰입, 고객의 이익을 위한 헌신, 남을 돕고자 하는 진지한 열망을 갖고 있느냐에 따라 결정된다. 즉, 프로는 자기 일에 대한 자부심과 책임감을 갖고 내가 서비스해야 하는 고객을 위해 자발적으로 무슨 일을 해야 할지를 생각하고 그에 대비해 항상 준비한다. 책임감이 있으면 다른 사람이 요구하지 않더라도 미리 알아서 준비한다. 열정이 있으면 대강대강 적당히 넘어 가지 않는다. 자부심이 있기 때문에 자기 일에 대해서 최선을 다하고 더 잘하기 위해 노력한다. 그러면 고객의 만족과 감사는 저절로 따라 오게 된다.

고객이란 서비스업에만 있는 게 아니다. 조직에서 나와 일하는 상사, 동료, 부하가 고객이며 최선을 다해 고객을 섬기려는 이러한 자세가 진정한 프로 의식이다. 그런데 프로가 되기 위해서는 특별한 자질이 요구되는 게 아니라 누구나 마음먹고 노력하면 그렇게 될 수 있다. 결국 마음먹기 달린 것이다. 다만 많은 사람들이 그 원리를 잘 모르고 또 알더라도 노력을 하지 않아 세상에는 진정한 프로가 적은 것이다.

리처드 세넷은 《장인The Craftsman》에서 '장인 의식이란 일 자체를 위해 일을 잘해 내려는 욕구' 라고 정의한다. 그가 말하는 장인이 여기에서 내가 논의하는 프로와 같은 개념이다. 즉 프로는 일을 잘해 내려는 욕구를 갖고 부단히 노력하는 사람이다. 손으로 일하면서도 계속 머리로 생각하며 그 의미를 깨닫고 더 나은 방법을 찾아내는 사람이다. 머리와 손의 상호 순환 과정이 반복되어 지식과 기술이 발전하게 된다. 장인은 손으로만 일해서도 안 되고 머리로만 일해서도 안 된다. 즉 손과 머리가 상호 협력하며 피드백하는 과정에서 프로 역량이 형성된다는 것이다.

그런데 현대에는 기계화, 전산화로 머리와 손이 분리되어 장인 역량이 전수되지 못하고 있다는 것이다. CAD 같은 건축 디자인 기술은 컴퓨터가 사람의 손을 대신함으로써 거대한 건축물의 디자인을 가능하게 했다. 그런데 사무실에서 머리로만 작업함으로써 사람의 손이 현장에서 직접 디자인하며 현장감을 부각시키고 환경과 미세하게 조화시키는 기능이 약해졌음을 세넷은 지적하고 있다.

디지털 시대에도 아날로그적 기술의 강점이 결코 퇴색된 것은 아니다. 이른바 '명품'이라고 내세우고 그렇게 알려진 제품은 모두 장인이 손으로 직접 제작했다는 점을 강조한다. 기계는 표준화된 제품을 대량으로 제작하는 데에는 유리하지만 고객의 특별한 수요에 맞춰 하나하나 재료의 특성을 살려가며 제작하는 것은 역시 사람의 손이 낫다. 감성의 시대에 들어 갈수록 아날로그적 프로 의식은 더 중요하다고 생각한다.

불굴의 프로 정신, 목표를 향한 집념

프로에게는 불굴의 투지와 의지, 집념이 있어야 한다. 한국인 권투 선수로서 '4전 5기의 신화'로 잘 알려진 홍수환 선수는 프로의 전형을 보여줬다. 그는 1977년 파나마에서 열린 WBA 주니어 페더급 세계 프로복싱 선수권전에서 파나마의 카라스키야 선수에게 2라운드에서

4번이나 다운당하고 나서도 오히려 상대방을 KO 시키며 챔피언이 되었다. 얼마나 극적인 승리인가? 당시 이를 중계했던 TV 방송국에서는 그날 이 드라마틱한 경기 실황을 무려 27번이나 재방송해 온 국민과 감격을 나눴다고 한다.

한 회에 4번이나 다운당하고 카라스키야 선수를 일방적으로 응원하는 수많은 파나마 관중들의 함성 속에서 의식은 가물가물하다. 여러분이 지금 다운당해 링 위에 누워있다면 일어날 수 있을까? 상상해 보자. 홍수환 선수는 몇 초 안 되는 짧은 순간에 결심한다.

'지금 죽더라도 내 무기, 레프트 훅을 써 보기라도 하자. 억울해서 그냥 포기는 못하겠다.' 하고 일어난다. 결국, 목숨을 건 투지로 달려들어 오히려 상대를 쓰러뜨리고 말았다. 이것이 프로 정신이다. 승리에 대한 집념이다. 아무리 힘들더라도 한 번 더 이를 악물고 해볼 일이다.

한편 상대 선수는 어떻게 다 이긴 시합에서 역전 당하게 된 것일까? 20년이 지난 어떤 자리에서 홍수환 선수는 카라스키야 선수를 만날 기회가 있었다. 그때 어떤 사정이 있었는지 물어보았다고 한다. 홍수환 선수에게 직접 들은 카라스키야의 답변이다.

내가 방심해서 졌다. 2라운드에 4번을 다운시키고 나니 자만심이 생긴 데다가 1분 쉬는 시간에 옆에 있던 코치가 어차피 이길 것인데, 너무 빨리 끝내지 말라고 했다. 그래서 3라운드에 들어와 약간 방심했는데 그때 한 방의 결정타를 맞았다.

한쪽은 죽기로 달려들고 다른 쪽은 방심한 상태에서 한 방의 결정타를 맞아 KO 당했다. 빛만큼이나 빠른 마음의 변화(방심)로 승패는 순식간에 바뀌었다. 집념을 잃고 몰입하지 않은 그 순간은 더 이상 프로가 아니었던 것이다. 프로의 세계에서는 조금만 방심하면 패배로 연결될 가능성이 크다.

집념의 프로 의식을 극명하게 보여준 사례로 작가 이은성의 《소설 동의보감》이 있다. 이 소설은 '집념'이라는 제목의 TV드라마로도 제작되어 국민을 감동시킨 의성 허 준의 스토리이다. 허 준이 의술을 연마하고 《동의보감東醫寶鑑》을 펴내어 조선 한의학을 집대성하는 과정에서 보여준 집념과 신분을 가리지 않은 환자에 대한 헌신은 감동적이다. 역사적 사실 여부를 둘러싼 논란이 있지만 진정한 프로의 세계는 그만큼 누구에게나 감동을 준다. 자신의 목표 의식이나 집념이 강하지 않다고 생각하는 사람이 있다면 이은성의 《소설 동의보감》을 꼭 읽어 보기 바란다. 소설적인 재미도 아주 훌륭하다.

고려대학교 앞에서 중국 음식집 배달원을 오래하다가 '최고 배달원'으로 소문이 나고 대한민국 '신지식인'으로도 선정된 사람이 있다. 스타 강사 '번개'로도 한때 인기를 끌었던 김대중은 프로 서비스맨의 전형이다. 적어도 음식 배달원 중에서는 대한민국 최고로 꼽히던 사람이다. 그 김대중이 얼마 전에 강연에서 밝힌 자신의 서비스 비결은 자기 스스로 실천하며 터득한 것이기에 생생한 현장감이 있다.

진정한 프로는 자신만의 서비스를 개발해야 한다. 고객이 원하는 것을 제공해야 한다. 손님을 항상 즐겁게 하라. 일은 신이 나서 해야 한다.

그래야 자기도 즐겁고 능률이 오른다.

항상 배달 나갈 준비를 미리 하고 있다가 음식이 준비되자마자 가장 빠른 방법으로 번개같이 배달한다. 배달할 때도 여러 방법을 고안해서 고객에게 웃음을 선사하고 즐겁게 해주는 서비스를 한다. 사무실로 배달 갔는데 고객이 바빠 보이면 대신 탁자를 치우고 음식을 차려주며 자장면을 비벼 준다. 잘못했거나 실수했을 때에는 변명하지 말고 모든 것을 받아들여야 한다. 결국 진실만이 통한다.

단순한 음식 배달에서도 일하는 방법을 바꾸면 프로가 될 수 있다. 그의 말대로 항상 머리를 쓰면서 연구하지 않고 남과 같아서는 언제나 2등에 머물 뿐이다.

캐빈 코스트너가 주연한 영화 '가디언'은 진정한 프로 정신을 지닌 주인공이 후배들을 프로로 성장할 수 있도록 지도하는 과정을 생생하게 보여준 명화이다. 통상 재난 구조 영화의 베스트로 꼽히지만 그보다는 프로 의식이라는 관점에서 살펴보면 더 의미가 있을 것 같다.

미국 해안경비대의 전설적인 영웅 벤 랜덜(캐빈 코스트너 분)이 해양 구조원을 양성하는 학교에 교관으로 오게 된다. 교관으로서 그는 훈련생들에게 국가에 대한 충성, 조직과 임무에 대한 헌신, 전문적인 구조 기술과 핵심 요령, 자부심과 프로 의식, 위기 상황에서의 대처 방법 등을 가르친다. 그의 교육 방식은 오랜 현장 경험을 통해 겪었던 다양한 사례를 간단히 설명한 후 실전 같은 훈련에 훈련생들을 바로 투입시키는 식으로 진행된다. 물론, 여기에는 주인공이 직접 솔선수범하며 훈련을 함께하는 장면을 삽입해 실천하는 리더십이 멋지게 부각된다.

훈련이 끝나고 다시 현장에 배치된 그는 제자와 함께 출동한 헬리콥터 구조 활동에서 극적인 희생정신을 보여준다. 대원 두 사람이 매달린 헬리콥터 구명줄이 무게를 지탱하지 못하고 조금씩 끊어져 풀리기 시작하는 절체절명의 상황! 그대로 있으면 두 사람 다 위험해질 순간이다. 그때 랜덜은 제자이자 동료를 구하기 위해 자기 구명줄을 끊고 자신은 바닷속으로 사라지며 마지막 프로 의식을 실천한다.

이처럼 프로 의식은 죽음 앞에서도 절대 꺾이지 않고 오히려 더 무서운 집념을 발휘한다.

오카노 마사유키: 집념의 기술 개발 사례

일본의 오카노 마사유키는 초등학교 졸업 학력밖에 없으나 금형과 프레스 분야에서 세계 최고의 기술자로 꼽힌다. 오카노는 초일류 기업의 엔지니어나 대학교수가 불가능하다고 하는 기술도 집념을 바탕으로 기어이 성공시킨다. 여러 가지 재료를 시험해 보고 다양한 공법으로 제조해 보는 등 수많은 시행착오를 거치며 집념을 갖고 몰두한다. 이런 것이 중소기업의 기술 개발 방식이다.

그는 프레스와 금형 기술만으로 강철을 다듬어 모기의 침같이 가늘어서 찔러도 아프지 않은 주삿바늘도 만들어 낸다. 아프지 않으려면 모기 침같이 가늘어야 하겠지만 또한 주사액이 통과해야 하니 가운데에 구멍

이 있어야 하고 적절한 두께를 유지하지 않을 수 없다. 한 의료기기 회사에서 설계한 이 아이디어를 전문가들은 모두 제작이 불가능하다고 했다. 하지만 오카노는 1년 반 동안의 집념 어린 노력 끝에 성공하고 만다. 이 바늘의 직경은 0.06mm라고 한다. 설계도에 계획된 것보다 더 나아가 바늘이 앞으로 갈수록 가늘어지게 만들어 발주자와 공동으로 특허도 얻는다. 이렇게 가느다란 주삿바늘을 금형과 프레스 기술로 만들어 내어 연간 수십 억 개를 생산한다. 오카노의 집념과 기술로 아이디어에 불과했던 모기 침 주삿바늘이 실제로 생산되는 기적이 일어난 것이다. 이래야 특허를 토대로 막대한 부가가치를 올릴 수 있는 것이다. 그의 자서전 제목은 의미심장하다. 바로, 《목숨 걸고 일한다》(2003)이다.

"남들이 절대로 하지 않으려 드는 일, 싸구려라서 돈이 안 되는 이유로, 아니면 기술적으로 불가능하다는 이유로 남들이 하지 않는 일을 하겠다."고 결심한다. 그렇게 생각하면 주위에 일거리가 많다는 것이다. 싸구려 일도 남과 다르게 만들면 얼마든지 채산성이 있는 사업이 된다는 것을 그의 생각과 삶은 잘 보여준다.

오카노가 개발한 카본 가공 기술은 미국의 첨단 스텔스 전투기에 쓰인다. 티타늄을 딥 드로잉하는 프레스 가공 기술은 나사의 우주왕복선 안테나를 만드는 데에도 쓰인다. 세계 유수의 대기업들도 그에게 주문한다. 그는 초등학교 학력으로 독일 기술 서적의 도면과 사진만 보면서 기술을 익혔다. 그의 기업에 종사하는 사람은 가족을 포함해 겨우 6명에 불과하다. 그런데도 이 작은 기업은 기술력과 집념으로 초일류 기업이 되었다.

프로로서의 열정

세계에서 가장 성공한 부동산 투자가로 꼽히는 도널드 트럼프가 사소하고 단순한 일에 대한 열정을 표현한 말을 들어 보자.[20]

정말로 큰 성공을 이루고 싶다면 자신이 하는 일에 큰 열정을 쏟아야 한다. 열정이 없다면 어떤 일도 제대로 행하기 어렵다는 사실을 기억하라. 도어맨, 웨이터, 리셉셔니스트 등과 같이 단순한 일을 하는 것 같은 사람들도 자신이 하는 일에 열정을 갖지 않으면 아무것도 이루어내지 못할 것이다. 당신이 지금 어떤 일을 하고 있든 자신의 일에 열정을 바친다면 마법과도 같은 일이 일어날 것이다. 언젠가는 누군가의 눈에 띄어 성실성과 능력을 인정받고 훨씬 더 중요한 일을 맡게 되는 일 말이다.

진정한 프로가 되는 조건은 기술이나 지식보다는 태도와 성격, 자세 등 정신적·의식적 측면에 더 의존한다. 일본전산의 시게노부 회장이 학력이나 성적보다 자세와 태도 등을 우선해 사람을 채용하고 나중에 회사에서 교육시키는 것이 더 낫다는 것도 이러한 맥락에서 이해해야 한다. 뒤에서 설명할 우리나라 히든 챔피언 사장들도 지적하듯이 외형적인 조건이나 스펙보다 열정과 적극적인 자세를 중시하는 기업이 늘어나고 있다.

많은 사람들은 자기의 능력이나 자기가 맡은 일에 비해 충분한 대우를 받고 있지 않다고 생각한다. 그래서 불평만 하고 열심히 일하지 않는 경우가 많다. 월급을 받는 만큼만 대충 일하자고 하면서 불평하거나 다른 자리로 옮겨 갈 궁리만 한다. 그러나 현재의 일을 제대로 못하는 사람에게 더 좋은 기회는 오지 않는다.

자기 일이 사소하고 단순한 일이라고 생각된다 하더라도 맡은 일에는 온 정성을 다해 최선을 다해야 한다. 사소한 일도 제대로 못해 내는 사람에게 더 중요한 일을 맡길 기업은 없다. 전문가들은 "사소한 일에 기회가 있다"고 말한다. 크고 중요한 일에는 모두 열심히 하므로 얼른 차이가 나지 않는다. 그러나 사소한 일을 남과 다르게 최고로 잘해 내는 것은 돋보이게 마련이다. 이런 사람을 언제까지나 같은 자리에 방치하는 경영자는 결코 없을 것이다.

학생들과 토론하다 보면 가끔 이런 대화를 나눌 때도 있다.

"만약 회사에서 자네의 능력을 무시하고 복사나 서류 관리 등 아주 사소하고 단순한 일만 계속 맡긴다면 어떻게 할 건가? 얼마나 오래 버틸 수 있지?"

"저를 인정하지 않는다면 바로 그만두겠습니다."라는 답변도 있었지만, "적어도 1년은 참아 내면서 기회를 기다리겠습니다."라는 대답이 더 많았다.

회사에서 그 일을 시킨다는 것은 분명히 의미가 있고 무언가 필요하다고 생각한 게 아닐까? 그 일이 회사 업무에 어떠한 의미가 있을까를 계속 고심하며 이왕에 하는 것 그 일을 잘하는 방법을 연구해 가면서 최고로 잘하는 길을 찾아보는 건 어떨까?

사소한 일이라도 그 일에 관한 한 회사에서 최고, 대한민국 최고가 되려고 해 보자. 더 나아가 세계 최고가 되면 어떨까? 적어도 1년 이상 버텨 내면서 잘하는 방법을 찾아보자. 단순한 일도 새로운 의미를 부여하며 최고로 잘하는 사람은 인정을 받고 그것으로 또 다른 기회를 얻을 수도 있다.

매일 반복되는 가사는 주부에게 따분하고 단순하고 재미없는 일로 생각되기 쉽다. 그런데 생각을 바꾸어 이것을 재미있는 일, 의미 있는 일로 만들면 어떻게 될까? 마사 스튜어트는 요리, 테이블 세팅, 주방 인테리어 용품의 개선 등 종전까지 다른 사람이 크게 의미 부여를 하지 않던 '가사'를 중요한 가치가 있는 상업적 아이템으로 발전시켜 세계적으로 성공한 사람이다. 2011년 한국에 처음 와서 가진 언론과의 인터뷰에서 그가 말했다.[21]

"(가족이 먹을) 쿠키를 굽는 것은 빅토리아 여왕이 제국을 건설하는 것과 같은 가치가 있다고 생각해요. 그 일에 임하는 진지함에서는 어떠한 차이도 없어요."

이렇게 마사 스튜어트는 가사도 하는 사람이 가치를 부여하기에 따라서 제국을 건설하는 것만큼 중요하고 의미 있는 일이라고 생각한다. 다만 그렇게 가치를 인정하는 인식의 전환을 할 수 있는 사람이 성공하는 것이다.

미켈란젤로는 어릴 때 남의 집 정원사로 일하게 되자 틈나는 대로 정원에 있는 화분 받침대, 나무 의자, 계단 등에도 조각을 해 넣었다고 한다. 이 일은 그가 해야 할 일이 전혀 아니었다. 그럼에도 그는 정원을 아름답게 꾸미려고 열심히 그 일을 했다. 그의 정성과 열정에 감동한 주인은 그를 미술학교에 보내줬고 그는 훌륭한 조각가로 성공하게 되었다.

작은 일이라도 주인 의식을 갖고 프로처럼 해내는 자세가 필요하다. 학교교육, 가정교육뿐만 아니라 능력 개발 훈련에서도 이런 부분에 역점을 두어야 한다.

대한민국 프로페셔널의 조건

우리나라에서 진정한 프로페셔널이라고 부를 만한 사람은 누구일까? 《대한민국 프로페셔널의 조건》이라는 책은 김현기를 비롯한 저자들이 기업체 연구원과 신문기자로서의 경험을 살려 대한민국에서 가장 성공한 분야별 프로페셔널 49인을 선정해 소개한다. 안철수 소장, 박지성 선수, 반기문 UN사무총장 등 이들이 최고의 프로로서 성공하게 된 과정과 그 성공 비결을 설명한다. 이 책은 우리가 대한민국의 프로페셔널이 되기 위해 갖춰야 할 7가지 조건을 아래와 같이 제시한다.

① 최고를 향한 열망 – 끊임없는 탁월성 추구

② 장인 정신을 넘는 프런티어 정신 – 창의성과 발상의 전환

③ 천재를 이기는 놀라운 힘 – 몰입과 집중력

④ 지독한 공부벌레 – 지속적인 교육훈련과 흡수 능력

⑤ 영어의 달인보다 중요한 것 – 글로벌 마인드

⑥ 올곧은 품성과 도덕성 – 직업윤리

⑦ 용맹 정진의 끈기 – 초심의 자세 유지

위의 7가지를 압축적으로 표현한다면 '열정과 집념'이라고 생각한다.

안대희 교수는 《조선의 프로페셔널》에서 조선 시대의 진정한 전문가 10인의 삶을 집중 분석한다. 그들은 역사책에서도 소개되지 않지만 자기가 옳다고 믿는 한 가지 일에 조건 없이 도전한 사람들이다. 조선 팔도를 발로 답사한 여행가 정 란, 조선 최고의 바둑 기사 정운창, 화가 최 북, 다재다능한 조각가이자 과학자인 정철조, 검무로 18세기를 빛낸 최고의 춤꾼 운심 등의 생을 조명한다. 당시 그 행적을 인정받지도 못하고 오히려 비난받으면서도 그 같이 힘든 길을 이들이 가게 만든 힘은 '자기가 최고라는 자부심, 자기 일에 대한 자신감과 자존심 및 오기'라고 지적한다.

2010년 한국경제신문이 글로벌 인사 컨설팅 업체 타워스 왓슨과 함께 한국인 1,000명을 대상으로 직장인의 업무 몰입도에 대해 조사한 적이 있다. 이 조사는 〈2010 글로벌 인적자원 보고서〉의 일부로서 다른 22개 나라의 직장인 2만 명과 함께 조사된 것이며 서로 비교되어 있다. 2010년 4월 20일 보도된 한국인의 직장 몰입도는 6%에 지

나지 않아 조사 대상의 평균 몰입도 21%에 비해 매우 낮은 것으로 나타났다. 경영진의 리더십에 만족한다는 응답자는 37%로서 조사 대상 국가 중 가장 낮았다. 업무에 몰입하지 못하는 가장 큰 이유로는 경영진의 리더십 부족을 지적했다.

정말 그럴까? 상세한 정보 없이 판단하기는 어렵지만 최근에 직장에 대한 충성도나 몰입도가 크게 약화되었다는 지적을 많이 한다. IMF 외환 위기 이래 구조조정이 상시적으로 진행되면서 고용 불안 심리가 널리 확산됐다. 그래서 자기가 소속된 조직에 대한 충성심이나 소속감은 과거보다 떨어질 수밖에 없다. 제프리 페퍼 교수는 노조를 무자비하게 탄압하고 가차 없이 근로자 해고를 단행하는 경영자, 그래서 경영대학원이나 월스트리트에서는 영웅적인 CEO로 추앙받는 이들을 예시하며 '그릇된 영웅'이라고 비판한다. 사람의 가치를 무시하고 인건비를 아끼기 위해 비정규직 채용만 늘리거나 무자비한 해고를 반복하는 경영자는 진정한 기업 경쟁력의 근거를 모르는 사람이다. 그렇더라도 성공의 관건인 프로가 되느냐의 여부는 궁극적으로 근로자 개인의 책임이다.

한국은 급속하게 선진화되어 가고 있다. 1인당 국민소득이 2만 달러를 넘어 섰고 G20 국가, OECD 회원국, 세계 10위권의 경제력을 가진 나라이다. 더구나 문화·감성의 시대를 맞아 사람들의 기대와 의식이 빠른 속도로 상승하고 고급화되고 있다. 고도 경제성장 과정에서는 스피드를 내기 위해 품격과 품질 문제를 다소 눈감아 왔으나 이제는 달라지고 있다. 고품격 고부가가치 제품, 프로 수준의 고급 서비스에 대한 수요가 급속히 늘어갈 것이다. 이러한 사회에서 성공하려면 우리의 역량과 의식을 프로 수준으로 대폭 상향시키지 않으면 안 된다. 각 분야에서 프로가 되어야 한다.

프로의 사례: 명품 장인의 프로 의식

현악기의 명품 스트라디바리우스

스트라디바리우스Antonio Stradivarius는 바이올린, 첼로 등의 현악기 제조에서 아직까지 누구도 넘볼 수 없는 세계 최고의 명장으로 알려져 있다. 1644년 이탈리아에서 태어나 1737년에 사망할 때까지 1100여 개의 바이올린을 제작했고 현재도 650개 정도가 사용되고 있다고 한다. 이 거장이 남긴 명품 악기는 엄청난 가격이 붙어 있고 그 명성만큼 전문가의 귀에는 금방 식별이 될 정도로 다른 사람의 악기와 음질이 다르다고 한다. 현대 문명의 기술로도 이 악기의 비밀을 분석하거나 복제하는 것은 아직 성공하지 못했다. 그 비결은 무엇일까?

리처드 세넷 교수는 그의 역작 《장인》에서 세계 최고 명장의 지식과 기능이 형성되는 과정을 여러 각도에서 분석하고 있다. 우선 기능을 체득해 가는 과정을 보자. 17~18세기에는 장인의 집을 작업장 삼아 여기에서 몇몇 도제, 직인들이 생활하며 일했다. 작업 매뉴얼이 따로 있는 것도 아니고 선배가 하는 방식을 보고 배우거나 이미 만들어진 작품을 보며 여러 방법으로 시도해 보면서 기술을 익히고 배우는 방식이다. 도제들이 나무를 깎고 다듬으면 경험 있는 직인들이 울림통을 제작하고 장인은 최종적으로 각 부품을 조립하며 덧칠을 하면서 전문가적인 마무리 터치를 한다.

이 마무리 과정이 음질을 좌우하는 핵심 과정인데 최고 명장의 기술은 스트라디바리우스가 자신의 '손과 머리'로 많은 시행착오를 거치면서 체득해 완성한 것이다. 여러 가지 재료를 다양한 방법으로 시도해 보면서 다른 사람들이 느끼지 못하는 미세한 음질의 차이를 식별해 낸다. 가장 좋은 조합을 선택하고 또 다른 시도를 해 본다. 수많은 반복 작업을 통해 스트라디바리우스는 작업하는 재료와 계속 대화하면서 '혼을 불어넣고 다듬어 가면서' 최고의 악기를 만들어 간다. 그의 타고난 천재적 음감을 토대로 손과 머리의 대화와 가슴으로 느끼는 상호 피드백 작업을 반복하면서 명장의 기술을 완성하고 명품을 만들어 낸 것이다.

어느 분야가 되었든 최고 수준의 장인들은 자기가 다루는 대상(사람, 동물, 식물, 재료 등)을 아끼고 사랑하며 이들과 대화하면서 교감하는 사람들이다. 그렇게 애정을 갖고 혼을 불어넣으면 서로 교감이 된다는 의미일 것이다.

명품시계, 만년필 등

매년 1월, 스위스 제네바에서는 국제 고급 시계 박람회가 열린다. 여기에는 세계 최고의 명품 시계가 출품되는데 가격이 수백만 원에서 수십 억원에 이른다.[22] 왜 어떤 시계는 몇천 원의 싸구려인데 어떤 시계는 고가이면서도 잘 팔리는 것일까? 시계가 시간을 알려준다는 기능 면에서는 큰 차이가 없다. 대부분의 사람들이 시간을 0.001초까지 초정밀하게 알아야 할 필요는 없으니 그것 때문에 초고가를 지불할 필요는 없다. 그러나 기능 차원을 넘어서 스위스 고급 시계는 하나의 명품, 나아가서는 예술품으로까지 인정되기에 그토록 높은 가격을 받을 수 있는 것이다. 나폴레옹, 빅토리아 여왕, 톨스토이 등이 애용하던 시계라는 식의 스토리도 있어 더욱 그 가치를 높인다.

스위스 시계 장인을 그 나라에서는 '오를로제레horlogere'라고 부른다. 이들은 30~40년의 오랜 숙련 과정을 거쳐 고도의 정교함과 집중력을 발휘해서 세계에서 가장 고급스러운 시계를 만드는 사람들이다. 초정밀 작업을 해야 하므로 확대경과 현미경이 없으면 불가능하다. 시력과 집중도가 떨어지는 고령자가 담당하기에 적합할 것 같지 않은데도 오랜 경력을 가진 고령의 장인들이 직접 수작업으로 해낸다. 150년 이상의 전통을 가진 시계 공장에는 1000여 명의 근로자 중 250명 정도가 오를로제레 장인인데 한 개 모델을 한 사람의 장인이 처음부터 끝까지 손으로 조립하여 기능과 성능의 균일성을 담보한다고 한다. 그래서 명품이 되는 것이다.

스위스 시계들도 1970년대에 일본의 쿼츠 시계에 밀려 위기를 맞았다. 기계로 작동되는 전통적 시계에 비해 건전지로 작동되는 일본의 신개념 쿼츠 시계는 시간도 정확할 뿐만 아니라 가격도 훨씬 저렴하고 디자인도 산뜻해 젊은 층을 매료시키며 스위스 시계를 경쟁에서 밀어낸다. 이 과정에서 살아남은 스위스 시계들은 초정밀 기술로 고급화, 차별화하고 문화와 스토리 등을 가미한 명품화 전략으로 전환하며 살아남게 된다.

1972년에 나온 오데마 피게는 옥타곤 형태의 8개의 나사로 몸체를 고정해 외부 충격에도 끄떡없는 최고급 스포츠 시계로서 유럽 상류층을 사로잡았다. 현재 세계 스포츠 시계 시장의 70%를 점유한다고 한다. 장인들이 오랜 숙련을 통해 형성한 기술과 프로 정신은 명품으로 충분히 보상받고 있는 셈이다.

최고급 만년필의 대명사인 몽블랑Mont Blanc도 스위스 시계 산업과 비슷한 역사를 갖고 있다.[23] 1906년에 설립된 몽블랑 만년필은 제2차 세계 대전의 종전, 일본의 항복 문서 등 중요한 역사적 현장을 기록하여 '20세기를 기록하는 만년필 '이라는 자부심이 있다. 또 존 F 케네디 대통령, 엘리자베스 여왕 등 수많은 유명 인사가 애용하는 펜으로서 명성을 쌓아 왔다. 그러다가 1970년대 컴퓨터가 등장하면서 손으로 쓰는 필기류의 시대가 끝나가는 위기를 맞는다.

이때 몽블랑은 과감한 선택을 한다. 곧, 필기 기능 중심의 저가 만년필 생산을 중단하고 프리미엄 만년필 생산으로의 전환을 단행한다. 더 이상 기능 중심의 만년필로는 경쟁에 한계가 있음을 인식하고 만년필을 고급 문화상품으로 전환하는 길을 모색한 것이다.

몽블랑은 언제나 새로운 것을 추구하고 고객에게 감동을 주기 위해 창의력과 관련된 부문에는 아낌없이 투자하고 전문화하는 걸 망설이지 않는다. 이러한 차별화 전략은 오늘의 명품 만년필 몽블랑으로 성공하게 된 원동력이다. 이를 바탕으로 중국 시장을 겨냥한 세계화를 추진하며 수제 시계를 비롯한 인접 분야로 시장을 확대해 명품 브랜드 전략의 성과를 내고 있다.

독일의 세계 최고급 명품 피아노로 꼽히는 블뤼트너Blutner 피아노는 지금도 종업원 8명이 수공업 방식으로 하루 한 대를 제조한다고 한다. 1853년 창업한 이래 가업을 승계하고 있으며 종업원들에게 기술보다 블뤼트너의 역사와 문화를 가르치고 가치를 파는 기업으로서의 의무와 책임을 강조한다. 이런 장인 정신은 자연스럽게 명품으로 이어지기 마련이다.

세계 최고의 스포츠카로 알려진 페라리는 한 해에 몇천 대만 생산하는 희소가치와 탁월한 미적 가치를 지닌 '영혼이 빚어낸 차'라는 평가를 받는다. 최고급 소재를 사용해 수공업 방식으로 제작하여 한 대에 3억 원이 넘는 명품으로 명성을 유지하고 있다.

세계 최고급 패션 브랜드 에르메스의 토마 회장도 직원의 가치와 자부심을 강조한다. "아무리 첨단 장비 시대라 해도 결국 기업은 사람이 움직인다. 조직원들이 1등의 자부심을 갖도록 투자를 아끼지 않는다."

그래서 불황기에도 품질 지상주의 전략으로 두 자릿수의 성장을 이어간다고 한다. 에르메스에는 가죽 장인 2000명을 포함해 총 3000명의 장인(한국인도 2명)이 있다. 장인이 만든 가방도 다른 장인, 총괄 장인, 세일즈 디렉터로 이어지는 3단계의 검수 과정을 거치며 작은 흠이라도 발견되면 폐기 처분한다. 장인마다 자기 고유의 식별 코드를 가방에 찍어 평생 책임지고 관리하게 한다. 이런 장인 정신이 세계적인 명품으로 인정받게 하는 것이다.

한국의 금강제화도 이탈리아 최고급 제품에 손색없는 구두를 만들 기술력이 축적되어 있다고 한다. "25년 이상의 숙련을 쌓은 장인들이 소비자 개개인의 발 모양을 재서 맞춤형으로 구두를 제작하고 그 정보를 보관하는 '비스포크' 서비스를 하고 있다."고 신용호 사장은 말한다. 최고급 재료를 사용해 세계 수준의 구두를 만드는 것은 기술적으로 충분히 가능하나 국내 소비자에게 부담이 되는 가격이 문제라는 것이다. 수요만 있다면 제작할 수 있는 프로 장인은 확보하고 있는 셈이다.

중소기업 근로자, 대학에서 재교육 받자

중소기업의 재교육 수요

한양대 경제학 세미나에서 M 군이 중소기업에서의 인턴 경험담을 이야기했다. "경기도에 있는 중소 제조업체에 가서 보니 보수나 근무 환경이 생각보다 너무 열악하고 장래의 비전도 보이지 않았습니다. 그런 불리한 여건을 참고 근무하더라도 이 기업이 발전할 전망이 불투명하고 이 회사에 근무하는 동안 내 개인의 능력을 발전시킬 기회도 적다는 것은 도저히 수용하기 어려운 조건이었습니다." 이렇게 유능한 청년들이 중소기업을 기피하기 때문에 중소기업은 좋은 인력을 확보하지 못한다. 그래서 중소기업은 인력이 부족할 뿐만 아니라 좋은 인재를 길러내는 데도 많은 한계가 있다.

M 군도 지적했지만 만약 여러분이 중소기업에 취업했다면 엔지니어로 재직하는 동안 어디서 재교육을 받아 경쟁력을 강화할 수 있을까? 대기업은 마음만 먹으면 자체 연수 시설을 갖춰 소속 엔지니어들을 교육시킬 수 있다. 그러나 중소기업은 자체적으로 교육할 여력이 없어 대기업과 중소기업 인력의 기술 격차가 계속 확대된다. 중소기업의 문제는 소속 근로자들을 재훈련하고 싶어도 훈련 시설이 없고 교육 보낼 인력의 여유도 없다는 점이다. 또 체계적으로 이를 담당할 전문가도 없어 훈련 과정 운영이 미숙하다는 등 거의 모든 부문에서 애로를 갖고 있다. 중소기업 인력의 기술이 향상되지 않으면 이들의 경제적 지위 향상이 어렵다. 또한 이들이 만든 부품을 사용하는 대기업 제품의 품질 향상이나 경쟁력 강화도 어려울 것이다. 능력 있는 대

졸자가 중소기업에 가서 기회를 찾게 하려면 중소기업에서도 자기 계발을 계속할 프로그램이 갖춰져야 한다.

여러분이 인재 개발 체제를 갖추지 못한 중소기업에 있다면 이 문제가 가장 큰 장애 요인이 될 텐데 이를 해소하려는 노력은 사회적으로 부족했다. 여건이 어려운 중소기업에만 맡겨 자체적으로 알아서 교육훈련을 하도록 해서는 성과가 없다. 중소기업 근로자에게 교육훈련을 받을 수 있는 체제를 마련하고 실제로 받을 수 있는 기회를 제공하는 게 기업 간 차별 시정의 수단으로서 중요하게 논의돼야 한다. 중소기업의 근로자에게 지식, 기술과 같은 직무 능력과 직업관 등 소프트 스킬을 배울 수 있는 기회를 지속적으로 부여하는 것은 매우 중요한 일이다. 독일 기업처럼 종업원에게 업무를 통해 능력을 개발하고 향상시키는 노력을 많이 하게 되면 대기업과 중소기업의 격차를 줄이게 될 것이다.

대학에서 재교육 프로그램 운용: 한기대 사례

한국기술교육대학교(한기대)는 노동부(현재의 고용노동부)에서 출연하여 설립한 특수 목적의 대학으로서 충남 천안에 있는 4년제 대학이다. 한기대는 천안 인근에 소재하는 삼성전자 LCD 공장과 공동으로 중소 협력 업체 엔지니어의 체계적인 재교육 방안을 모색했다. 대학이 중심이 되고 대기업과 중소기업을 연결해 재직자들의 재교육을 시행하는 프로그램은 우리나라에서 처음 시도하는 것이었다. 또한 세부적인 내용과 추진 방법에서도 선례가 없는 선구적인 시도를 했다.

우선 교육훈련 과정을 만들기 위해 한기대 교수진과 삼성전자 전문가들이 함께 여러 공장을 현장 방문하여 어떠한 내용, 어떤 수준의 교육이 필요한지 수요를 조사했다. 여러 계층의 엔지니어와 감독자를 심층 면담하고 설문 조사도 하여 교육 과정, 교육 장비 목록, 강사 풀 구성 등을 협의해 결정했다. 즉 교육과정을 현장의 수요 조사를 토대로 처음부터 맞춤형으로 설계한 것이다. 이는 교육기관에서 교육 과정을 먼저 만들어 놓고 수강생을 모집하는 통상적인 절차와는 완전히 다른 접근 방식이다.

교육과정으로는 LCD 디스플레이 관련 생산 공정에 공통적으로 수요가 있는 PLC 제어, 로봇 제어, 센서 제어, 전기회로 제어, 모터 제어, 전기 공압 등의 과정을 선정했다. 이 직종들은 삼성전자뿐만 아니라 전자 제품 관련 협력 업체의 재직자 능력 향상에 공통적으로 필요한 기술이라고 판단해 선정한 것이다.

또한 교육과정을 모듈형으로 작게 쪼갬으로써 한 번에 한 과정만 이수하고 다음 기회에 다른 과정을 이수하는 식으로 순차적으로 교육을 받을 수 있게 배려했다. 교육 시간도 5일 35시간을 기준으로 하여 기업에서 핵심 엔지니어가 장기간 교육 때문에 자리를 비워야 하는 애로를 해소했다.

강사진은 그 분야 국내 최고의 전문가를 삼성전자와 한기대 교수가 합의해 선정했다. 이론과 실습을 20:80 비율로 구성하고 기업 현장에서 제기되는 기술 현안에 관련된 프로젝트 과제를 주어 수행하는 방식으로 운영했다. 매주 과정이 끝날 때마다 과정 내용, 강사, 실습 등을 평가해 문제점을 즉시 피드백하여 반영하고 있다. 그 결과 수료생의 교육 만족도는 90% 수준을 유지하고 만족도가 낮은 강사를 계속 교체하며 교육의 질을 유지하고 있다.

이 교육은 기본적으로 업무에 필요한 기술을 향상시키는 하드 스킬 교육이다. 이와 같이 하드 스킬을 향상시키기 위해서는 취업하여 업무를 수행하는 과정에서 숙달하고 더 발전시키기 위한 재교육을 수시로 받게 하는 게 가장 좋다.

대기업·중소기업 상생의 시너지 효과

위의 한기대 사례는 여러 측면의 시너지 효과를 갖도록 설계되었다. 삼성전자의 오래 축적된 재직자 기술 교육 노하우를 중소 협력 업체에도 제공해 교육을 지원하는 의미가 있고 한기대의 대학 교육 인프라를 기업의 엔지니어 재교육에 활용하는 효과도 있다. 즉 중소기업 근로자라도 이 과정에 참가하면 삼성전자와 한기대가 직접 실시하는 재교육과 동일한 내용의 수준 높은 교육을 받게 된다는 것을 의미한다.

이러한 형태의 사업을 재정적으로 지원하는 것이 고용 보험의 능력 개발 기금이다. 중소기업은 교육비의 100%를 고용 보험 기금에서 환급받고 한기대는 교육 시설·장비 소요 예산을 중소기업 직업훈련 컨소시엄 사업에서 지원받는다.

삼성전자의 협력 업체는 제품의 부품을 만들면서 부품의 접합 에러를 없애기 위해 모회사와 같은 제조 장비와 소프트웨어를 사용한다. 일반적으로 중소기업 엔지니어들은 대부분 장비 회사의 전문가로부터 간단한 소프트웨어 사용법에 대한 설명만 듣고 작업을 하게 된다. 그래서 그 작업의 원리, 앞뒤 과정의 내용, 장비 운용의 세부 기술 등을 배울 기회가 없어 실제 작업을 수행하지만 생산성을 올리는 데에는 한계가 있었다.

그런데 위와 같은 프로그램을 통해 전체 과정과 업무의 흐름, 자기가 맡은 작업의 원리, 의미 등을 이해하고 또한 최근에 발전된 새로운 기술을 배우게 되며, 현장에서 직면하는 기술적 애로 요인의 해결 방법을 배우고 나서는 현장 작업의 효율을 올리고 생산성을 향상시킬 능력이 생긴 것이다.

한 중소기업 근로자는 교육 후 "실무에서 일하는 사람들은 어느 특정 부분은 잘 알고 있지만 그 외의 전반적인 부분은 잘 모른다. 그런데 이번 교육을 통해서 공정에 대한 전반적인 이해와 실무에서 사용하는 내용을 배울 수 있는 좋은 기회였다."는 소감을 밝혔다.

중소기업 경영자들도 처음에는 핵심 기술 인력을 차출하여 업무를 하지 않고 5일간의 교육에 보낸다는 것에는 망설이고 소극적인 경우가 많았다. 그러나 교육 이수자의 업무 능력이 눈에 띄게 향상되어 생산에 기여하는 것을 보고 다음 교육부터는 적극적으로 엔지니어를 보내며 참여하게 된 것이다.

당시 노무현 대통령은 2007년 3월에 한기대에 와서 이 모델의 운영자인 삼성전자, 중소 협력 업체, 한기대 담당자들과의 보고대회를 주관하고 나서 이 모델은 매우 성공적인 사례라고 평가하고 다른 대학으로도 확대하라고 지시했다. 대통령의 이러한 지시에 따라 다음 해부터 노동부에서 이 모델을 여러 지역, 여러 대학으로 확대해 지금은 17개 대학에서 여러 형태의 교육 프로그램을 운용하고 있다. 이 사업은 대학이 중심이 되어 대기업과 중소기업을 연결한다고 해서 BRIDGE모델이라고도 한다.

대학을 근로자 재교육 기관으로 활용하자

나는 중소기업 근로자에 대한 재교육의 중요성을 무엇보다도 강조한다. 그런데 그 재교육은 가장 실효성 있는 방법으로 시행돼야 한다. 대학을 졸업한 근로자는 대학에서 재교육하는 것이 가장 적절하다. 그런 의미에서 한기대에서 개발하고 이제 여러 대학과 지역으로 확대되고 있는 이 모델이 아주 생산적인 방법이라고 생각한다. 이런 교육을 실시하는 대학이 늘어나면 중소기업에 취업한 청년들도 인근에 있는 대학에 가서 쉽게 자기의 지식과 기술을 더 발전시키는 교육훈련을 받을 수 있게 된다. 그래야 대학 졸업자가 중소기업에 취업하는 것도 부담스럽지 않고 자아실현 할 기회가 많아질 것이다. 이 사례는 기술 교육에 대한 것이지만 기술 교육 이외의 분야에도 충분히 확대해 적용할 수 있을 것이다.

대기업 입장에서는 가장 큰 고민거리인 부품의 품질과 생산성 향상을 함께 도모하는 좋은 계기가 된 것이다. 더구나 교육 프로그램을 대기업이 직접 참여해 만들기 때문에 자기들 제품의 품질 향상에 직결되는 기술 과제를 교육에 반영하고 해결할 수 있게 된다. 또 중소기업에 적극 교육 참여를 유도함으로써 중소기업 근로자의 능력 향상에도 기여하게 된 것이다. 중소기업에 취업해도 이렇게 자기의 경쟁력을 강화할 기회가 계속 주어진다면 청년들이 능력 개발 기회가 적다면서 중소기업을 기피하는 이유가 사라지게 된다.

이 프로젝트를 개발해 운영의 책임을 맡았던 한기대의 이우영 교수는 "대학에서는 이러한 교육과정을 직접 운영함으로써 생산 현장의 최신 기술 동향을 신속하게 파악하고 현장 엔지니어가 겪는 기술적인 애로 사항을 파악하는 기회가 되었다."고 평가한다. 대학은 이렇게 축적된 정보와 노하우를 학교의 정규교육에 반영할 수 있어 공학 교육의 현장성을 확보하는 유력한 채널을 갖게 된 것이다.

현장 훈련과 멘토링

교육훈련은 어떤 방법으로 진행할까?

취업하면 직장의 상사나 선배에게서 일을 배우게 된다. 서류를 접수하고 처리하는 법, 보고서 작성과 관리, 예산 요구와 지출, 관련된 부서, 결재 받는 법 등 모든 것을 직장에서 선배에게 배운다. 이것을 OJTOn the Job Training라 한다. 교육훈련 기관에 가서 회사 일을 강의로 배우는 것에는 한계가 있다. 현장에서 일을 하면서 경험 있는 선배에게 배우는 게 가장 효과적이다. 그래서 그 효과적인 방법과 중요성을 알고 대처하는 게 중요하다. OJT가 제대로 이루어지는 직장이 일류 직장이다. 직장을 구할 때도 임시직 비정규직이라도 일단 취업해서 OJT를 받게 되면 그 경험과 실력을 바탕으로 더 나은 직장으로 옮겨 갈 수 있다. 효과적인 OJT를 거친 사람은 이미 경력직으로 인정받을 수 있다.

〈해피 플라이트〉라는 일본 영화가 있다. 이 영화는 항공기 조종사, 승무원, 정비사, 발권 카운터 근무자 등 항공에 관련된 여러 직종 종사자들이 어떻게 현장에서 일을 해가면서 업무를 배우는지 그 방법과 절차 등 OJT 과정을 생생하게 보여 준다. 항공기 승무원 양성 학교에서 체계적인 교육을 받은 신입 사원은 어떻게 실제 항공기를 운항하게 될까? 어떠한 적응 과정이 필요할까? 자, 이제 항공기에 탑승해 보자.

항공 학교 졸업생이 민간 항공 회사에 취업해 처음 승무하는 날부터 이야기는 시작된다. 기장인 베테랑 조종사가 처음 승무하는 완전 신참 부조종사에게 직접 조종간을 잡고 운항하라고 지시하고 자기는 보조 조종석에 앉는다. 신참이 수백 명의 승객이 탑승한 거대한 보잉 747여객기를 직접 조종하게 된다. 얼마나 긴장이 될까? 조종 동작을 바꿔야 할 중요한 순간마다 기장은 부조종사에게 어떻게 할 것인가를 미리 묻고 답변하게 한다. 이런 식의 확인 과정을 거친 후 실제 기계를 조작하게 하는 것이다.

비행 도중에 기상 악화로 돌풍이 불고 기체의 한 부분이 손상된다. 비행기는 심하게 흔들리며 고도가 떨어진다. 신참 부조종사는 당황해 "기장님 이럴 때는 어떻게 해야 합니까?" 하며 도움을 청한다. 기장은 "자네가 결정하게. 비행 학교에서 이럴 때는 컨틴전시 조치로 어떻게 하라고 배웠나?" 신참은 자기가 알고 있는 컨틴전시 조치를 설명한다. 기장은 그 조치 계획이 타당하다며 그대로 시행할 것을 지시한다. 신참 부조종사의 조정으로 비행기는 비상조치를 취한 후 무사히 회항한다. 이렇게 여러 위기를 맞게 되지만 그때마다 숙달된 고참 선배의 지도하에 신참이 직접 위기를 수습해 보도록 하는 과정 등이 잘 묘사되어 있다.

이러한 방법이 전형적인 OJT 훈련 과정이다. 영화에서는 선배 기장이 신참으로 하여금 모든 것을 자기 책임하에 직접 선택해 실행해 보도록 함으로써 어려운 업무에 쉽게 적응하게 한다는 효과적인 훈련 과정을 보여준다. 교육훈련이 체계화된 기업이라면 이러한 선후배 간의 업무 훈련 과정이 매뉴얼로도 갖추어져 있다. 현장 훈련에 대해서는 기업마다 독특한 훈련 방법이 있고 어느 것이 더 효율적이라고 말할 수는 없다. 미국에서도 그 중요성을 인식해 체계화된 OJT 방법에 대한 연구가 활성화되어 많이 보급되고 있다.[24]

현장의 중요성

C 군은 여러 지방에 공장이 있는 굴지의 대기업에 취업이 되었다. 처음부터 지방에 배치될 가능성이 크다고 판단해 갈등하고 있었다. 그래서 나는 아예 발상을 바꿔 처음부터 지방 공장 근무를 자청하라고 권고했다. 최종 면접에서 그는 다음과 같이 지방 근무를 자청해서 면접관들을 흐뭇하게 했고 그것이 취업 확정의 주된 요인일 것이라고 믿고 있다.

저는 현장에 답이 있다고 생각합니다. 이제는 현장을 알아야 고객을 만족시키는 중요한 의사 결정을 제대로 할 수 있고 최고 경영자로서 성공할 수 있을 것입니다. 그래서 저는 큰 꿈을 이루기 위해 먼저 지방 공장에 근무하면서 현장 업무를 열심히 배우며 제 역량을 키우겠습니다.

한 경제 신문에 톱기사로 '삼성전기'의 '파격'적인 인사 실험에 관한 보도가 있었다.[25] 대졸 신입 사원들을 모두 현장으로 보내 1년간 생산직으로 근무하게 한다는 내용이었다. 이러한 내용이 파격적으로 여겨지는 것은 그만큼 우리의 대졸 청년들이 쾌적한 사무실을 벗어난 공장 근무를 기피하고 있다는 것을 보여준다. 독일과 일본이 제조업 강국이 된 것은 우수한 인재들이 현장에 근무하면서 품질 향상과 기술 개발에 전념하기 때문이다. 대졸자라고 해서 현장과는 유리된 연구실이나 사무실에서만 근무하게 되면 시간이 지날수록 현장감을 상실하게 될지도 모른다.

OJT가 생생하게 진행되는 곳은 역시 현장이다. 내가 지금 대졸 신입 사원이라면 커다란 꿈을 품고 먼저 현장 근무를 자원하겠다. 그래서 몇 년간 현장 업무를 확실하게 익힌 후에 본사에 와서 종합적인 업무를 하겠다고 요청하겠다. 이제는 고객의 세심한 감성적 욕구를 파악하고 만족시켜야 하는 시대이다. 고객과의 접점, 생산 현장의 생생한 여건을 모르고 어떻게 효과적으로 시장에 대응할 수 있을까? "제가 현장에서 오래 경험해 봤는데 그 문제에 대해서는 이러한 방안이 더 효과가 있다고 생각합니다." 이렇게 말하는 사람이 훨씬 더 설득력을 발휘한다.

내가 정부에서 처음 공직을 시작할 때에는 중앙 정부에서 정책을 연구하고 입안하는 것이 최우선 과제였다. 그래서 우리는 당연히 본부가 있는 서울에서 근무해야 한다고 생각했다. 나중에 지방 관서에서 근무하는 동안 현장에 기반을 둔 행정이 절실하다는 것을 체험했다. 중앙에서 현장 상황을 최대한 고려하겠다고 아무리 현장 사람을 초빙해 의견을 듣고 실태 조사를 하는 등 여러 방법으로 노력하더라도 분명히 한계가 있다. 그래서 '백번 듣는 것보다 한 번 보는 것이 더 낫다百聞이 不如一見' 는 것이다. 긴 기간이 아니더라도 현장을 몸으로 체험하는 것은 너무도 중요한 과정이다. 결코 건너뛸 일은 아니라고 생각한다. 너무 조급해 하지 말고 더 크게 성공하려면 현장에서부터 차근차근 경험해 보면서 조금 길게 보고 인생을 살자.

멘토링, 코칭

투자의 귀재라는 워렌 버핏과의 점심을 경매에 부치면 세계적인 관심을 끌면서 수많은 사람들이 입찰에 참가한다. 그래서 스테이크 한 끼의 점심 비용이 몇 백만 달러(2010년 263만 달러)를 넘어선다. 그와 함께하는 점심 식사가 과연 그만한 가치가 있는 것일까? 실제 비싼 비용을 들여 점심 식사를 한 사람들은 돈이 아깝지 않은 귀중한 기회였다고 한다. 워렌 버핏의 투자 철학이나 인생의 교훈 등은 책이나 인터뷰 기사를 통해 쉽게 접할 수 있다. 그럼에도 불구하고 직접 만나서 본인의 생생한 이야기를 한마디 듣는 게 그만큼 투자가치가 있다는 의미이다. 세계 최고의 투자 전문가가 직접 들려주는 한마디는 생생한 교훈으로 인생의 지침이 되기 때문에 인기가 있는 것이다.

고은 시인의 시, 〈순간의 꽃〉 중에서 한 구절을 인용해 보자.

내려갈 때 보았네
올라갈 때 보지 못한
그 꽃.

인생의 오르막길에서는 주변에 아름다운 꽃이 있어도 앞만 보고 올라가느라고 그것을 보지 못한다. 꽃뿐만 아니라 길이 구부러지는 지, 위험한 낭떠러지가 있는지, 장애물이 많은지 알 수가 없다. 그러나 산 정상에 올라가 보면 지나간 길이 다 내려다보인다. 그래서 더 안전하고 쉬운 길이 있는지도 알 수 있다. 선배는 이것을 후배들에게 가르쳐 주고 싶어 한다. 선배들의 경험을 소중한 자산으로 경청하고 교훈으로 삼는 후배는 시행착오를 줄이면서 크게 도약할 수 있다. 이것이 멘토링의 장점이다.

워렌 버핏, 빌 게이츠 또는 마크 주커버그 등 유명 인물과 점심을 직접 함께하지 못하더라도 우리는 책이나 인터뷰 기사를 통해 그들의 이야기를 들을 수 있다. 어렸을 때부터 위인전을 많이 읽게 하는 것도 이러한 이유에서이다. 서점에는 훌륭한 업적을 낸 성공한 분들의 자서전이 많이 나와 있다. 유튜브You Tube에서 이들의 생생한 강의나 인터뷰도 접할 수 있다. 자기의 목표와 부합되는 성공한 분들의 생생한 사례를 꾸준히 찾아보면서 의지를 다지고 꿈을 키워 가야 한다.

한양대 경제학 세미나에 참가했던 L 군이 졸업 후 언젠가 찾아와 맥주 한잔하면서 말했다.

"교수님이 수업 중에 가장 많이 한 말씀이 뭔지 아세요?"

"글쎄……."

"가장 많이 한 말씀이 '적어!' 입니다."

메모하라는 말이다. 내가 수많은 시행착오를 거치며 현장에서 배운 교훈을 말하고 있는데 학생들이 건성으로 들으며 고개만 끄덕이면 허망하다. 그래서 하는 말이 "적어!"라고 했던 것이다. 메모하는 습관을 갖는 것은 매우 중요하다. 그런데 대개 필요성은 알고 있지만 습관으로 만들지는 않는다. 이것을 젊었을 때부터 습관화한다면 정말 도움이 될 것이다.

일본의 사카토 켄지는 《머리보다 손이 먼저 움직이는 메모의 기술》이라는 책을 펴내고 '언제 어디서든 메모' 하라고 강조한다. 핵심은 메모지를 항상 갖고 다니라는 것이다. 핸드백, 가방이나 호주머니 속에도 항상 수첩이나 메모지를 넣고 다니자.

오디세우스는 트로이 전쟁에 참전하러 떠나면서 자기가 없는 동안 아들을 돌봐달라고 친구에게 부탁한다. 그 친구의 이름이 멘토Mentor이고 아들은 텔레마커스이다. 멘토(사실은 아테나 여신이 멘토로 변신)는 10년째 돌아오지 못하는 아버지를 찾아 모험을 나서도록 텔레마커스를 설득한다. "위험한 여정에는 내가 동행해 힘이 되어 주겠다."고 안심시킨다. '멘토'라는 말은 이렇게 호메로스의 신화 《오디세이아》에서 비롯된 것이다. 그래서 멘토는 원래 아버지 같은 선생이 되어 자식같이 교육하고 지도하는 것을 말한다. 오늘날에는 선배가 후배를 지도하는 것도 멘토링의 범주로 잡는다. 여러분은 그런 멘토를 찾아 귀중한 경험과 교훈을 항상 구하며 시행착오를 줄이도록 노력하자. 그것이 효율적인 길이다.

PART 4

꿈이 이루어지는
다양한 공간

01

굴뚝에 값진 보물이
숨어 있다

■■■

지식사회에서도 제조업은 여전히 중요한가

선생님! 그렇게 경쟁력을 키워 놓으면 사회에서 누가 알아줄까요? 그것을 쓸데가 있을까요?

김 군이 자주 묻는 질문이다.

학교와 사회에서 나의 경쟁력을 강화하고 나면 어떤 분야에서 그 능력을 마음껏 발휘할 것인가를 결정해야 한다. 또 자기가 선택한 일에 몰입하면서 그 분야에서 프로의 경지에 이르려면 주요 산업의 특성을 알고 자기의 흥미와 열정을 촉발할 분야를 선택해야 한다. 우선 고용의 70% 가량을 차지하는 서비스업과 산업의 중추인 제조업부터 논의해 보자.

제조업인가, 서비스업인가?

앞으로 어떤 산업 분야가 더 유망할까? 최근의 글로벌 금융 위기를 겪으며 제조업과 서비스업 중 어디에 더 중점을 둘 것인가의 논쟁이 재연되고 있다. '장 제조업 군' 과 '박 서비스 양', 두 사람의 토론을 지켜보자.

> 장 군: 음, 제조업은 여전히 모든 산업의 기반이야. 이번 세계 금융 위기에서 보았듯이 제조업을 버리고 금융 등 서비스업 중심으로 산업구조를 바꾼 미국과 영국이 위기에 가장 취약했지 않아? 반면에, 제조업이 아직도 강한 독일, 중국, 한국 등은 위기에 상대적으로 덜 흔들리고 또한 빠른 속도로 회복해 경제성장을 이어가고 있어. 이것이 바로 제조업의 강점을 보여준 사례가 아닐까?

> 박 양: 그게 아니야. 지식사회가 되면서 제조업 시대는 이미 갔다고 봐야 해. 제조업에 중점을 둬 왔던 또 다른 성공 사례인 일본은 벌써 20년 동안이나 정체되어 있지 않아? 인도는 서비스업을 중심 산업으로 선택하고도 계속 성장세를 유지해 가고 있다고. 많은 선진국이 제조업 중심에서 벗어나는 '탈산업화'를 촉진하면서 오래 번영을 구가하지 않았느냐 말이야. 이번 위기가 금융에서 비롯되었기 때문에 서비스업이 비판받고 있지만, 나는 앞으로도 금융, 통신, 유통 등 지식·정보 중심의 서비스 산업이 더 유망해진다고 생각해.

장 군: 잠깐! 탈산업화라는 것은 전체 취업자 중에서 제조업의 취업자 비율이 감소한다는 그런 관점에서는 맞는 말이지만 총생산에서 차지하는 제조업의 비중이 감소하는 것은 아니야. 오히려 제조업에서 급속한 기술 혁신을 주도해 더 적은 인력으로 더 많은 생산을 해내는 생산성 향상을 촉진한 결과로서 우리가 번영을 누린 거야. 신성장 산업이나 융·복합화 경향이라는 것도 결국 제조업을 중심으로 이루어지므로 아직도 제조업이 중요해.

박 양: 무슨 말이야. 기술 진보는 제조업에서만 이루어지는 게 아니라 서비스업에서도 일어난다고. 월마트 같은 소매 업체가 유통 서비스업 기술 혁신에 기여한 걸 생각해봐. Fedex, DHL 등도 매우 효율적인 사업 모델을 만들어 내 성공한 회사야.

위 두 사람의 토론은 최근 인터넷에서 벌어진 장하준 교수와 바그와티 교수의 논쟁에서 일부 인용해 재구성한 내용이다. 세계적 경제 전문지 〈The Economist〉는 2011년 6월 28일부터 7월 6일까지 인터넷 판을 통해 영국 케임브리지 대학 장하준 교수와 미국 컬럼비아 대학 바그와티 교수 간의 논쟁을 주재하였다. 이 논쟁은 인터넷을 통해 전 세계에서 많은 전문가의 관심과 참여 속에 진행됐다.

장하준 교수는 《나쁜 사마리아인》, 《그들이 말하지 않는 23가지》 등의 저서를 통해 세계적인 명성을 얻고 있지만, 바그와티 교수도 그야말로 국제무역 분야의 세계적인 전문가이다. 많은 사람들이 두 사람의 논쟁에 참여했는데 세계 각국의 논객들이 76:24의 비율로 장하준 교수의 제조업이 중요하다는 견해를 지지했다. 위의 토론에서 '장 제조업 군'은 장하준 교수, '박 서비스 양'은 바그와티 교수의 논리를 각각 대변하고 있는 셈이다.

이 문제는 이렇게 논란도 많고 생각할 여지가 많은 이슈이다. 그런데 우리 사회에서는 그동안 제조업을 '굴뚝 산업'이라며 사양 산업처럼 여기고 제조업에서 서비스업으로의 이동이 선진화의 대세인 듯 인식해 왔던 것이다. 나는 다음 장에서는 서비스업에서 성공 가능성을 논의할 것이다. 여기에서 제조업을 강조하는 것은 제조업이 서비스업보다 더 유망하다는 주장을 하려는 것이라기보다는 아직도 제조업에서 많은 기회를 찾을 수 있으므로 계속 관심을 가지라는 의미이다.

IT, BT, NT, ST, GT, CT 등 앞으로의 유망 산업은 모두 기술을 의미하는 T와의 융합 분야이다. 기술을 구현하는 산업이 제조 기술이므로 제조 기술은 앞으로도 신성장 산업의 중심에 있다. 또한 우리나라의 경쟁력이 주로 제조업에 기반을 두고 있으므로 우리에게 비교우위가 있는 제조 기술을 기반으로 해서 다른 부문과 융합해 나가는 길을 찾는 게 더 나은 전략일 것이다.

여러분이 중소기업에서의 성공, 벤처기업의 설립, 창업을 구상한다면 제조 기술을 기반으로 하여 IT, BT 등의 T 관련 산업에서 길을 모색하는 게 유리하다. 제조 기술을 기반으로 문화, 레저 스포츠, IT, BT 등 여러 산업과 융·복합을 시도하는 것이다. 모두 융·복합화 하려는 시대에서 제조 기술을 가진 사람이 더 희소가치를 갖고 중심에 서게 되지 않을까? 인터넷 검색 업체인 구글이 2011년 휴대폰 제조

기업인 모토롤라를 인수·합병하는 것도 제조업의 중요성을 인식한 것이라고 보아야 하지 않을까? 이는 글로벌 경쟁에서 우위를 차지하기 위해서는 SW 중심 서비스 업체도 제조업 기반을 가져야 한다는 것을 보여준 사례라고 생각한다.

제조업은 다른 산업의 기반이 되는가?

제조업은 산업사회에서 모든 산업의 중심이 되고 기반이 되는 산업이다.[26] 우리의 소비와 생산 등을 위한 상품이 제조업에서 만들어진다. 제조업 제품은 다른 산업의 생산을 위한 도구와 장비로 사용된다. 또한 다른 산업에서 많은 원자재나 설비 등을 구입한다. 제조업 제품의 수송 판매 보관 등이 다른 산업의 시장이 되어 비즈니스를 만들어 가기도 한다. 그래서 제조업에 종사하고 있으면 다른 산업과 연계할 기회가 많다.

이런 특성 때문에 제조업의 산업 연관 효과가 다른 산업에 비해 크다고 할 수 있다.[27] 산업 연관 분석에 따르면 다른 산업의 생산을 유발하는 효과는 제조업이 2.064인데 서비스 산업은 1.695 수준이다. 특정 산업 제품이 다른 산업의 중간재로 사용되는 전방 연쇄 효과는 제조업이 1.038인 데 비하여 일반 서비스업은 1.018이다.

이렇게 제조업이 다른 산업과 밀접하게 연관되어 있는데 제조업의 고용 유발 계수가 낮은 이유를 어떻게 설명할 수 있을까? 제조업은 빠른 속도로 자동화되고 있다. 자동화는 사람이 하는 일을 기계가 대신하게 되는 것을 의미하므로 자동화될수록 사람을 적게 쓰게 된다. 큰 제조업체는 제품의 설계, 제조, 포장, 물류, 판매, 마케팅, 인력 관리, A/S 등 많은 업무를 포괄하고 있다. 종전에는 이런 업무들도 모두 제조 업체에서 수행했는데 갈수록 제조 업체에서 분리돼 독립된 회사로 분사되거나 하도급 형태로 아웃소싱 된다.

그런데 이런 업무가 제조업체 내에서 포괄적으로 이루어질 때는 이 기업이 제조업으로 분류되고 이런 업무에 종사하는 인력들도 한꺼번에 제조업 종사자가 된다. 제조 생산 인력의 구성 비율이 상대적으로 과반수 이상의 다수를 차지하기 때문이다. 그런데 분사하거나 아웃소싱 되면 전혀 별개의 독립된 기업이 되기 때문에 이제는 이 업무 종사자가 제조업이 아닌 다른 산업 종사자로 분류되는 것이다. 예를 들면, 판매 마케팅 인력은 도·소매업, 물류 인력은 운송업 종사자 등으로 분류된다. 따라서 종전의 제조업에서 많은 인력들이 이런 이유로 실제 종전과 같은 업무를 하고 있으면서도 산업 분류에서는 제조업에서 빠져 나가게 된다. 이래서 제조업의 고용 효과는 실제보다 축소되어 나타난다.

따라서 제조업의 고용 효과는 통계에서 보여주는 것과는 다르다. 어느 지역에 큰 공장이 하나 들어서면 그 공장의 건설 과정에 많은 건설 관련 고용이 늘어난다. 공장이 가동되면 공장의 직접 생산 인력의 고용이 늘어나고 부품 협력 업체들이 인근에 들어오게 되면 관련 고용이 또 늘어난다. 한편 인력과 물류의 흐름에 따라 음식 숙박업, 도소매 유통업, 주유소, 편의점 등 관련된 산업과 고용이 늘어나게 된다. 그래서 선진국에서도 공장을 유치하기 위해 지방정부들이 토지의 무상 사용, 사회 기반 시설의 설치, 조세 감면 등 다양한 혜택을 제공하며 경쟁한다.

미국의 오바마 대통령은 2010년 LG화학이 미시간 주에 건설한 배터리 공장의 기공식에 직접 참석했다. 그리고 미국에 공장을 건설해 일자리를 창출한 데 대해 대통령으로서 깊은 감사의 뜻을 밝힌다. 제조업이 아니라면 우리나라의 다른 어떤 기업이 미국에 가서 이런 대접을 받을 수 있을지 궁금하다.

신문에 미국 조지아 주에 진출한 기아자동차 공장에 관한 기사가 보도되었다.[28] 그 지역에 기아자동차 공장이 들어섬으로써 현재까지 1만 1000개의 일자리가 만들어졌고 지역 경기가 활성화되어 번창하고 있다는 것이다. 현지 주민들이 '기아자동차 공장을 우리 지역에 보내준 예수님께 감사한다Thank You Jesus for Bringing KIA to Our Town!.' 는 표지판을 시내에 세워 놓았다는 것을 소개했다. 이것이 제조업의 위력이다.

미국이 '세계의 공장' 역할을 한 20세기 중반까지 제조업에서 수많은 일자리를 창출했다. 제조업에서 일하는 생산직 근로자들은 부유한 미국에서 광범위한 중산층을 형성하며 '아메리칸 드림'을 실현한 바 있다. 제조업이 융성했을 때 미국은 중산층이 두껍게 형성되었으나 제조업의 쇠퇴, 서비스업의 팽창으로 중산층이 대폭 축소된다. 제조업 생산직 근로자들이 중산층으로 성장했다가 보수주의적인 신자유주의 경제의 등장으로 중산층에서 밀려나는 과정은 노벨 경제학상 수상자 폴 크루그먼의 2007년 저서 《미래를 말하다》의 핵심 주제가 되었다. 제조업이 중심이 되었던 사회에서는 수많은 제조업 근로자들이 중산층이었고 스스로도 그러한 자부심이 있었다. 제조업은 소득 분배 차원에서도 중요하다.

독일과 일본의 제조업에서 배울 것

독일 제조업은 왜 강한가?

독일에 대해서 다음과 같이 단순하게 말하면 쉽게 이해될 것이다. 즉, 독일이 세계 경제 대국이자 수출 대국인 것은 제조업이 강해서이고, 제조업이 강한 것은 중소기업의 경쟁력이 강해서이고, 중소기업이 강한 것은 우수한 기술 인력 덕분이다.

독일 제조업은 세계 최고 수준이면서 아직도 고용의 20%를 담당하고 있다. 제조업 고용 비율은 선진국 중에서 최고 수준이다. 독일은 이렇게 제조업이 강하면서도 유럽 최고의 부자 국가이다. 최근의 글로벌 금융 위기에도 독일이 흔들리지 않고 경제성장을 이어가는 것도 제조업 덕분이라고 한다. 독일 제조업은 경쟁력을 유지하기 위해서 지속적으로 연구 개발하고 최첨단 자동화를 단행해 왔다. 이러한 노력 덕분에 독일 공장들의 생산성이 대폭 향상됨에 따라 굳이 인건비 절감을 위해 공장을 해외로 이전할 필요가 없다.

굴뚝 산업이 아닌 신성장 산업에 대해 생각해 보자. 최근 각국이 자원 고갈과 지구온난화에 대응해 신재생 에너지 분야를 중심으로 신성장 산업 개발에 매진하고 있다. 그런데 신성장 산업에서도 제조업 중심의 독일이 최강국이다. 어떻게 그럴 수 있을까? 신재생 에너지 산업도 작동 원리를 연구하고 나면 이를 설계해 장치로 구현하는 것은 제조 기술이다. 태양열 활용, 풍력발전, 조력발전, 이산화탄소 포집 등 신재생 에너지 활용을 위한 핵심 기술과 핵심 부품 분야에서 독일이 선두 주자이다. 중국 업체가 풍력발전소 건설을 위한 부지를 조성하고 파워 플랜트를 세우는 등의 외부 시설에 경쟁력이 있다고 하지만 이 발전기의 날개와 모터 등 핵심 고가 장비는 독일 기업이 제조한다.

결국, 가장 부가가치가 높고 기술력을 요하는 부분은 독일 업체가 담당한다. 신성장 산업의 발달도 제조 기술이 뒷받침되었기 때문에 독일이 이 분야에서 세계적인 경쟁력을 갖게 된 것이다. 세계 각국이 그린 산업 신재생 에너지 분야에 엄청난 투자를 하고 있는데 이러한 투자가 늘어날수록 독일의 핵심 부품에 대한 수요가 늘어나고 관련 독일 기업들의 고용이 늘어날 것이다. 우리가 앞으로도 제조업을 핵심 산업으로 유지해야 고용을 창출할 수 있다는 것도 이런 배경에서 이해하자.

독일이 세계 최고의 제조업 강국인 것은 중소기업이 강하기 때문이다. 또한 독일의 중소 제조 기업이 강한 것은 이원화 교육dual system으로 불리는 독특한 직업훈련 제도의 결과이다. 독일의 장인, 즉 마이스터meister(영어로는 master)가 중심이 되는 중소기업은 세계 최고의 기술력을 바탕으로 최고의 경쟁력을 유지하는 원동력이 되고 있다.

중세 수공업자 길드는 장인들이 중심이 되어 자신의 기술을 지키고 영업이익을 보호하기 위한 조직이었다. 장인의 기술 전통은 이렇게 오래되었다. 이런 전통으로 독일의 직업훈련 제도는 현장에서 장인 지도하에 실기를 배우는 방식이 중심이 된다. 이 훈련을 마치면 기술 인력이 현장에 바로 적응하고 제조 기술이나 기술 개발에서도 실력을 발휘한다.

일본 제조업의 힘

일본도 전통적인 제조업 강국이다. 이른바 '잃어버린 10년'으로 불리는 1990년대의 장기 불황에서도 국제수지 흑자를 지속하는 이유는 자동차와 부품·소재 분야를 중심으로 하는 제조업의 힘 때문이다. 탄소섬유의 세계 시장점유율이 77%에 달하는 등 소재, 부품, 로봇, 기계, 자동차 등 여러 분야에서 세계 시장을 장악하고 있다.

1543년에 포르투갈 선원에게서 총을 구입하자 장인들이 분해하고 연구해 불과 몇 십 년 만에 대량 제조에 성공한다. 이것이 임진왜란 때 사용한 조총이다. 높은 기술력과 철저한 장인 정신으로 표현되는 '모노즈쿠리 정신'이 일본 제조업 문화의 전통이다. 장기 불황 속에서도 끊임없는 연구 개발과 기술 개발로 원천 기술을 개발하고 품질을 개선해 여러 분야에서 세계 최고의 독보적인 기술을 확보하고 있다.

일본은 GDP 대비 연구 개발비의 비중이 세계 최고일 정도로 연구 개발에 힘을 쏟아 왔다. 인구 대비 연구원 수도 세계 최고 수준이며 자연과학 분야에서 노벨상 수상자를 미국에 이어 두 번째 수준으로 많이 배출하고 있다. 그 결과로 기술 무역수지(기술 수출/기술 수입)도 세계 최고 수준이다.[29] 몇 년 전에 어느 일본 과학자가 앞으로 일본은 특허권 로열티만 받아도 먹고 살 것이라고 강연하는 것을 들을 적이 있다.

2011년 3월 일본 동북부 지역에 진도 9.0의 대지진과 쓰나미가 닥쳐 이 지역 일대에 엄청난 인명 및 재산 피해를 냈다. 그런데 지진의 여파로 세계는 지진과 전혀 또 다른 측면에서 일본의 저력에 놀라게 된다. 즉 지진과 쓰나미, 그로 인한 원전 피해와 전력 부족으로 이 지역의 제조업체가 피해를 입고 상당 기간 조업을 못하게 되자 핵심 부품을 일본 제조업체에서 조달받던 세계의 IT, 자동차 업체 등의 생산에 차질이 생긴 것이다. 애플, 인텔과 독일의 IT 업체와 보잉, 르노, 폭스바겐 등의 세계적 초대형 기업들도 생산에 차질을 빚었다.

세계 초일류 회사들의 제품 생산을 위한 핵심 부품 대부분을 일본 업체들이 독점하고 있기 때문에 생긴 문제들이다. 또한 글로벌 금융 위기 이후 비용 절감을 위해 재고 부담을 줄이는 정책을 대대적으로 도입한 것도 중요한 원인이 되었다. 대기업들이 부품 재고를 쌓아 두지 않고 필요할 때 필요량을 부품 회사들로부터 공급받는 'JIT_{Just-In-Time} 방식'을 도입한 것인데 이번에 그것이 발목을 잡게 된 것이다. 이번 사태는 세계 경제에서 차지하는 일본 제조업의 영향력, 나아가서는 제조업의 중요성에 대해서도 다시 한번 생각하게 하는 계기가 되었다.

한국 제조업의 경쟁력

한국 최고 기업인 삼성전자, LG전자, 현대자동차, POSCO, 현대중공업 등은 모두 제조업이다. 삼성전자는 세계 최고 수준의 첨단 IT 기업이지만 IT와 관련된 제조업을 기반으로 한다. 삼성전자에는 부품, 소재, 장비 등을 제조하는 수많은 협력 업체가 연계되어 있다. 이들도 제조업체이다. 물론 SW 개발, 물류, 광고 기획 등의 서비스 기반 협력 업체도 있지만 제조업 관련 협력 업체가 훨씬 더 많다.

2011년 6월 '일본 도레이'는 한국에 탄소섬유 공장을 건설하기 위한 기공식을 가졌다.[30] '도레이'는 탄소섬유라는 최첨단 소재의 세계 시장점유율이 40%나 되는 이 분야 최고의 기업이다. 그런데 이 회사는 첨단 제품 생산 공장 증설을 위해 아시아 각국에 대하여 검토해 본 결과 한국이 최적지라는 결론을 냈다. 즉, 원가, 인력의 질, 국가정책 지원 등 여러 면에서 한국에서 제조하는 게 가장 경쟁력이 있다고 판단했다. 물론 우리가 체결한 EU나 미국과의 FTA가 이 결정에 영향을 미쳤을 것이나 이것도 우리의 새로운 경쟁력이다.

나는 우리나라의 제조업이 지금도 경쟁력이 있으며 앞으로도 우리가 하기에 따라 더 발전할 것이라 믿는다. 아무리 산업이 자동화되어도 어디에선가는 직접 제조해 물건을 만들어야 한다. '세계의 공장' 역할이 영국에서 미국으로, 다시 독일과 일본으로, 그러다가 이제 중국으로 옮겨 갔다. 최근에는 중국도 인건비가 많이 올라 제조업 경쟁력이 약화되고 있는 추세이다. 문제는 어느 나라가 가장 경쟁력 있게 제조할 수 있는 능력이 있느냐이다. 가장 경쟁력 있는 나라가 세계의 공장 역할을 하며 많은 부와 일자리를 창출하게 된다.

그러나 지금은 워낙 제품과 생산 과정이 다원화되어 어느 한 나라가 모두 독점하는 것은 불가능하다. 결국, 나라별로 자기에게 경쟁력 있는 제품과 생산 과정을 선택해 특화하게 된다. 여기에서 우리는 부가가치가 높은 소재·부품 등의 제조 기술에 특화하고 대량 조립 생산 부분은 다른 저임금 국가에 양보하는 게 현명한 전략이라고 본다. 이 부분만 해도 우리에게 많은 사업의 기회와 일자리를 만들어줄 것이다.

이 말을 다시 한번 강조하고 싶다. 다른 사람들이 모두 모여드는 데에서는 기회도 적다. 그러나 모두 기피하지만 발전 전망이 있는 곳은 적극적으로 도전해야 한다. 청년들은 제조업을 기반으로 기회를 찾아보자. 프로 의식으로 무장한 여러분의 경쟁력으로 기존 제조업체에 취업하여 '기업 경쟁력'을 강화하거나 새로운 제조 관련 기업을 창업하는 것이다. 이공계는 말할 것도 없고 인문계열의 청년들도 제조업에 관심을 가져 보자. 꼭 제조업이 아니더라도 제조 기술에 관심을 가져야 한다. 앞으로의 세계는 기술과 문화, 기술과 다른 기술의 융합이 핵심 성장 산업이 될 터인데 그중에서도 제조 기술이 중심이 될 것이다. 벤처 산업 등의 창업도 제조업과 서비스업이 주류를 이룬다. 제조 기술이 뒷받침되지 않으면 기술 주도 벤처형 창업은 어려울 것이다.

전창훈이라는 과학기술자가 있다. 카이스트 대학원을 나와 삼성전자에 연구원으로 근무하다 프랑스에 가서 공학박사 학위를 받는다. 미국 프린스턴 대학의 연구원으로도 근무하고 프랑스에 파견 나가서는 재불 한국과학기술자협회 회장이 된다. 그가 매일 기도한다는 한마디는 이것이다. "대한민국 성장 동력은 그래도 제조업이다."[31] 그는 철저히 제조업이 기반이 되어야 IT 산업도 산다고 생각한다.

02

서비스 분야는
또 다른 기회의 땅이다

■■■

서비스 산업은 어떤 가능성이 있을까

사람이 경쟁력의 핵심

지금까지 제조업을 강조했는데 이제부터는 서비스 산업에 대해 논의해 보자. 사람마다 전공이나 적성, 미래의 꿈이 달라 제조업에 어울리는 사람도 있고 서비스 산업에 더 맞는 사람도 있을 것이다.

정책 당국의 입장에서는 고용의 총량을 늘리는 것이 중요하므로 전체 고용의 70% 정도를 차지하는 서비스 산업 중심으로 일자리 창출 정책을 논의하는 게 자연스럽다. 그러나 개인의 입장에서는 일자리 총수가 많건 적건 관계없이 자기가 가장 능력을 발휘할 수 있는 하나의 직장이 중요하다. 이렇게 정책 당국 입장과 개인의 관점은 다르다는 것을 이해해야 한다. 한 개인의 관점에서는 제조업이냐 서비스업이냐에 관계없이 우리나라에서 발전 가능성이 커서 내가 성공할 여지가 가장 큰 부문이 무엇이냐가 관심사일 것이다. 결국 개개인의 적성과 능력의 문제이다.

서비스 산업은 기본적으로 종사하는 인력의 질이 서비스의 질을 좌우하는, 즉 사람이 경쟁력의 핵심이라는 특징이 있다. 사람의 경쟁력을 강화하면 서비스 산업의 경쟁력이 강화되는 효과가 있다. 우리의 서비스 산업 생산성이 선진국에 비해 많이 뒤쳐져 있다는 것은 그만큼 발전의 여지가 크다는 의미로도 생각할 수 있다. 노력하면 생산성 향상 효과를 쉽게 확인할 수 있을 것이다. 여러분이 탄탄한 경쟁력을 갖고 있다면 사람이 경쟁력의 핵심이고 성공의 열쇠인 서비스 산업에서 함께 기회를 찾아보자.

서비스 산업은 포괄 범위가 매우 넓다. 금융·보험, 유통·물류, 보건 의료, 공공서비스, 연구개발에서 음식, 문화, 관광, 스포츠까지 다양한 분야가 포함되어 있다. 여기에서는 서비스 산업 전반을 논의하려는 게 아니라 몇 개 분야의 예를 통해 어떻게 경쟁력을 강화할 수 있는지 그 방법을 찾아보자는 것이다. 우리나라의 서비스 산업의 경쟁력이 낮은 것은 우리의 산업 발달 역사가 짧은 것과도 관련이 있다. 제조업 등 기반 산업이 발달하면 이를 지원하는 서비스 산업도 발달하게 되며, 산업의 선진화로 소비자의 소비문화가 향상되면 그 영향이 서비스 산업으로도 파급될 것이다. 그러나 서비스 산업에 대한 이해 부족, 규제, 규모의 영세성, 노하우의 미축적, 소비자의 낮은 기대감 등 여러 요인으로 아직 제조업에 비해 낙후되어 있다.

성공하려면 어느 정도의 고객 서비스 마인드를 갖추어야 할까?

고객을 위해 어디까지 서비스해야 하는가? 하버드 비즈니스 리뷰에 고객 서비스의 사례로 소개된 '재포스'의 토니 쉐의 경우를 보자. 그의 자서전 《딜리버링 해피니스》는 2010년에 우리나라에도 소개됐다. 인터넷을 통한 신발 판매 회사 재포스는 '고객의 행복'을 위해 모든 노력을 아끼지 않는다는 방침을 갖고 있다. 콜 센터에 '고객 충성 팀'을 두고 고객이 원하는 자기 회사 제품 재고가 없을 때는 경쟁 업체라도 소개해 어떻게든 고객을 만족시키고 행복하게 하는 직원이 최고라고 칭찬한다. 모든 임직원은 입사하면 40시간은 의무적으로 고객 충성 팀에서 근무를 하며 고객 서비스를 배워야 한다.

토니 쉐는 직원이 행복해야 고객을 행복하게 만들 수 있다고 생각한다. 직원들의 행복은 좋은 기업 문화에서 비롯된다고 생각해 사무실을 놀이동산처럼 만드는 등 회사 분위기와 문화를 바꿔 나간다. 신입 사원에게는 4주간 회사의 가치와 서비스 등을 교육해 임용한다. 교육 후 회사에 만족하지 않아 포기하려는 사람이 있다면 2000달러의 위로금을 지급한다. 이 회사의 목표는 단기 이익이 아니라 '평생 고객'을 만드는 것이다. 그래서 단기간의 비용 같은 데는 신경 쓰지 않고 고객을 행복하게 하는 데 최고의 목표를 두고 서비스를 하는 것이다. 재포스의 10대 가치 중 몇 가지만 인용해 보자.

- 서비스를 통해 고객에게 '와우'라는 감동의 경험을 선사한다.
- 재미와 약간의 희한함을 창조한다.
- 모험 정신과 독창적이며 열린 마음을 유지한다.

- 긍정적인 팀 정신과 가족 정신을 조성한다.
- 겸손한 자세를 유지한다.

이런 서비스 정신으로 고객을 감동시키면 단기간 내에 사업을 급속히 확대할 수 있다는 게 서비스업의 장점이다. 토니 쉐는 하버드대학을 졸업한 아직 30대의 청년 사업가이다. 여러분이 충분히 연구해 시도해 볼 만하다.

서비스 산업에서 경쟁력을 강화하려면

서비스 산업에서 여러분의 경쟁력을 강화하는 방안은 첫째, 지금까지 논의한 바와 같이 기존의 사업 영역에서 사업 방법을 혁신해 특별한 경쟁력을 창출하는 것이다. 즉 여러분이 이런 기업에 가서 주도적인 역할을 해 그 기업의 경쟁력을 강화하는 것이다. 둘째, 새로운 사업을 창업해 혁신적인 방법으로 경영하는 것이다. 창업 이슈는 PART 4에서 다루게 되므로 여기에서는 첫째의 기존 사업을 혁신하는 방안에 대해 논의한다.

서비스 교육의 중요성

서울 시내 중심가의 한 식당 이야기부터 시작해 보자. 그 식당은 세종문화회관 주변에 있고 역사도 오래돼 이름만 대면 대개 아는 유명한 초밥 집이다. 언젠가 점심때 나를 포함해 다섯 명이 식사를 하게 되었다. 유명 음식점답게 정장을 입고 넥타이도 맨 젊은 매니저가 방에 들어와 식탁 옆에 무릎을 꿇고 앉아 주문을 받는다(역시 일류 식당은 다르구나. 그러나 과도한 서비스라는 생각이 든다. 그냥 편하게 주문받아도 될 텐데). 여기까지는 좋았다.

우리는 초밥 2인분과 맥주를 주문하고 식사로는 두 사람이 매운탕, 세 사람이 생선 지리를 주문한다. 매니저는 시원하게 대답하며 주문을 받더니 나가다 말고 다시 들어와 앉으며 "주문 내용이 혼동되니 다시 한번 확인하겠습니다."라고 말했다. 그래서 내가 "그러지 말고 적으세요."라고 했다. 그는 "예, 괜찮습니다. 머릿속에 적고 있습니다."라고 답하며 실제론 메모하지 않았다. 한참 후에 우리가 열심히 대화하고 있는데 식사가 나왔다. 여자 종업원이 원래 주문과는 달리 매운탕 세 그릇과 생선 지리 두 그릇을 가져와서 "어느 분이 매운탕을 주문하셨습니까? 또 어떤 분이 생선 지리를 주문하셨습니까?" 하고 우리에게 물었다. 기분이 나빠진 우리는 "식사가 주문과 다르다. 어떻게 된 것이냐"며 불쾌한 기색을 드러냈다.

약간의 소란이 있는데도 책임자가 나타나지 않았다. 그래서 정식으로 주문을 받았던 매니저를 호출해 어떻게 된 것이냐고 따졌다. 그는 "주문을 잘 전달했는데 중간에 착오가 있었습니다. 생선 지리 한 그릇을 새로 만들어 오겠습니다."라고 변명했다. 우리는 그렇게 되면 시간만 더 걸리고 번거로운 일이라 판단해 포기하고 이미 나온 음식을 먹기로 했다. 음식을 먹는 동안에도 '전통 있고 비싼 식당'에서 제공하는 '삼류 서비스' 때문에 맛을 제대로 느낄 수 없었다.

이 일화는 비단 나만의 경험담은 아닐 것이다. 많은 사람들이 이와 비슷한 경험을 해보지 않았을까? 그때 그 상황이 우리 서비스업의 현실이 아닐까 하는 생각 때문에 가슴 한구석에 생선 가시가 박힌 듯 편치 않다.

만약, 우리가 사장이라면 이 음식점의 서비스를 어떻게 일류로 바꿀 수 있을까? 인테리어와 음식은 괜찮은 수준이니 논의에서 제외하자.

① 고객의 주문 사항을 종이와 펜으로 메모하는 것은 서비스의 기본 자세이다. 더구나 다섯 명의 주문을 기억에만 의존하겠다는 것은 과욕이다. 좌석 배치와 주문 사항을 메모해 음식이 나왔을 때는 다시 손님에게 확인하지 말고 메모한 주문대로 손님상에 올려놓는다. 이런 기본도 소홀히 하면서 손님에게 "어느 분이 매운탕 주문하셨습니까? 손 드세요." 하는 식으로 서비스해서는 안 된다. 정확한 주문과 배달은 첫째의 서비스 요건이다.

② 음식과 반찬 등을 상에 놓을 때 손님들의 대화를 방해하지 않도록 얌전히 순서대로 내려놓는다.

③ 주문의 착오 등 문제가 생겼을 때에는 재빨리 책임자가 직접 나와 정중하게 사과한 후 손님들에게 어떻게 해결하면 좋을지 수습 방안을 협의한다.

④ 다른 주문에 앞서 최우선적으로 손님의 요구 사항을 해결하되 사장이 직접 사과하고 문제에 대해 책임지겠다고 말한다.

그러나 실제의 사례에서는 우리 일행이 식사를 마치고 나갈 때까지 사장이 나와 사과하지 않았다. 나는 이 식당의 실수 대처 방법에도 문제가 많다는 것을 거듭 확인했다. 우리나라의 서비스 산업의 발달을 간절히 바라는 입장에서 안타까운 심정으로 이 잘못된 사례를 여러 사람에게 이야기했다. 나와 같이 식사했던 손님이 한 사람당 평균 세 명의 친지들에게 이야기했다고 가정하더라도 이번 사례를 잘못 처리함으로써 이 식당은 대강 15명의 안티 그룹을 갖게 된 셈이다. 잘못된 서비스의 파급 효과는 이렇게 크다.

우리나라 서비스 업체에서는 특히 고객에 대한 배려·존중 의식이 약하다. 그래서 고객의 주문, 고객의 불만을 그다지 심각하게 생각하지 않는다. 그러면 일류가 되지 못한다. 서비스 산업에서는 종업원과 경영자의 의식이 서비스의 질을 좌우하는 가장 중요한 경쟁력의 요소다. 그래서 서비스 교육이 중요하고 서비스 교육을 제대로 하면 경쟁력이 대폭 상승할 것이다. 나는 여기에서 종업원과 경영자 모두를 대상으로 프로 의식과 서비스 교육을 실시해 그 분야에서 1등이 되는 것뿐만 아니라 세계적인 경쟁력을 확보할 것을 제안하는 바이다. 실제 이러한 성공 사례도 많다. 여러분이 이런 서비스 마인드를 갖추고 자신 있다면 서비스업에 승부를 걸어 볼 만하다.

적극적인 서비스 교육 사례

㈜준오뷰티

경쟁이 심한 미용 분야에서 ㈜준오뷰티는 고객 만족 서비스를 위해 파격적인 교육 프로그램을 운영하고 있다.[32] '헤어 아카데미'를 설립하고 신입 사원에게 2년 6개월 동안 전문가 교육을 시킨 후 비로소 헤어 디자이너로서의 업무를 담당하게 한다. 여기에 소요되는 비용이 1인당 4천만 원 수준이라고 한다. 일반 직원에게는 뷰티 산업의 트렌드, 새로운 스타일, 소비자 심리와 리더십 교육을 실시한다. 강사로는 전국의 2천 명 직원 중에서 각 분야별로 가장 뛰어난 인재를 선발해 활용한다.

고객과 일대일로 상당한 시간을 보내야 하는 직원들이 품격 있게 대화를 끌어 갈 수 있도록 매달 한 권씩 규칙적으로 독서하게 한다. 매월 넷째 주 토요일 오전에는 전국 69개 매장이 선정된 책을 같이 읽고 참여하는 전국적 독서 토론회를 운영한다. 이 독서 토론은 벌써 16년째 계속되는 전통이라 한다. 그래서 직원들의 이직이 거의 없는 가운데 경쟁력이 강화되어 국제 미용 대회에 한국 대표로 참가하기도 한다. 서비스 교육은 소요 비용 이상으로 충분한 보상을 한다.

세계 최고 여관의 교육

기네스북에 오른 세계 최고最古의 여관 호우시法師는 718년에 설립됐다. 호우시는 현재 창업자의 46대손이 경영하고 있는데 항상 초심을 잃지 않고 일본 고유의 전통을 보존하면서 선조들의 장인 정신을 계승하려 노력한다. 그래서 종업원 교육에 매우 엄격하다. 종업원들에게 처음에는 꿇어앉는 자세와 장지문 여닫는 교육, 기모노를 입고 요리 나르는 요령 등을 교육한다. 업무 중에 후배가 질문하면 선배는 단순한 설명에 그치지 않고 왜 그렇게 해야 하는지의 의미까지 가르쳐준다. 이렇게 교육을 통해서 세계 최고의 여관 전통을 지켜 가는 것이다.

이코노믹 리뷰(2006년 4월 호)에 따르면 일본에 22년 이상 장수 기업이

2,500개가 넘는다고 한다.[33] 상당수가 가업 형태로 운영되고 있다. 이러한 전통 있는 가업에서는 직원에게 단순한 기술만 가르치지 않고 기업의 기본자세와 정신을 가르치고 그 속에서 일을 통해 자신의 삶을 구현할 수 있도록 지도한다.

디자인의 혁신

서비스업에서는 창의적인 아이디어가 사업의 성패를 좌우한다. 21세기는 문화의 시대이고 감성의 시대, 디자인의 시대이다. 디자인에 문화와 감성이 다 녹아 있다. 그래서 디자인이 중요하다. 세계 최고의 자동차 디자이너로 알려진 프랭크 스티븐슨은 이제는 자동차의 성능, 기능이 평준화되어 소비자는 디자인을 산다고 한다.[34] 그는 페라리, BMW, 피아트 등 여러 명차를 디자인한 사람이다. 한국 자동차도 모험적이고 상상력이 풍부한 디자인을 많이 담고 있다고 호평한다. 거기에 "한국 문화 전반에서 가장 독창적인 것, 유일한 것을 기반으로 상상력을 발휘하면 디자인은 자연스럽게 따라온다."는 권고도 잊지 않는다.

기아자동차는 외국인 디자인 전문가를 디자인 총괄 부사장으로 영입하고 디자인 중심의 회사로 바뀌면서 자동차의 경쟁력이 급격히 향상되었다는 평가를 받고 있다. 디자인 총괄 부사장 피터 슈라이어는 디자인이 부수적인 영역이 아니라 경영의 결정적인 요소라고 지적하며 디자인 팀에 의사 결정권, 재량권을 주도록 제안한다.[35] 회사의 업무 절차와 문화가 디자인 중심으로 네트워크화되고 체계적으로 연계된다. 디자인 팀을 캘리포니아와 상하이에 두고 20여 개 국가의 디자이너를 채용해 다원성을 도모했다. 그 결과 기아만의 독특한 자동차 디자인을 만들어 내어 한국 자동차로서는 처음으로 국제 디자인상을 여러 차례 받기도 했다.

최근에는 우리나라 기업들도 디자인에 많은 관심을 기울이고 투자하면서 디자인의 경쟁력이 크게 향상되었다고 한다. TV, 휴대폰 등 우리 전자 제품의 세계적인 성공에도 제조 기술뿐만 아니라 향상된 디자인 실력이 크게 기여한 것이다. 그런데 디자인에서 대기업과 중소기업의 격차가 매우 크다. 제조 기술에서는 중소기업과 대기업 간의 격차가 좁혀지고 있으나 디자인 역량에서는 중소기업이 미흡하다. 중소기업의 디자인 부분을 집중적으로 보완해야 할 것이다. 디자인에 관심 있는 청년들이 적극적으로 도전해 중소기업의 디자인 경쟁력을 강화할 필요가 있다.

음식 산업의 세계화 사례

우리나라 음식은 그 우수한 품질에 비해 왜 세계적인 경쟁력을 갖지 못할까? 일본의 초밥이나 생선회, 중국 요리 등은 세계 곳곳에서 고급 요리로 알려져 있으나 한식은 그에 비해 너무도 덜 알려져 있는 실정이다. 그러나 최근 들어 한국 음식이 웰빙 식품으로 부각되며 한식을 좋아하는 외국인이 늘어나는 것은 고무적인 일이다. 또 한국에 근무하던 외국인이 다른 나라에 전근 가서도 김치나 된장 등 한식을 못 잊어 한다는 이야기도 많이 들린다.

요즘은 한식의 세계화가 긍정적인 화두가 되어 많이 논의되고 있다. 하지만 외국인들에게 비친 한식의 이미지를 논하기 전에 우리 내국인들에게도 한식은 고급 이미지가 아니다. 그래서 고급 호텔 중에는 아예 한식당을 두지 않는 곳이 많다. 음식 서비스 종사자의 서비스 교육과 직업의식의 미흡도 매우 중요한 요인이라고 생각한다.

서비스 업체 종사자에 대한 교육은 별개로 하더라도 한식 자체의 조리법, 서비스 방법 등에서 개선할 여지가 많다. 세계적인 요리사 장 조지 붕게리히텐은 한식도 서양식 코스 요리처럼 단품으로 하나씩 내놓고 세계적 흐름에 맞춰 퓨전화하라는 제안을 한다.[36] 이는 전통 한식 재료와 조리 방법을 유지하면서도 자극적이지 않게 조리해 외국인들에게 다가갈 필요가 있다는 말이다. 아무리 맛있는 음식이라 해도 그것을 표현하는 방식이 부족하다면 그 음식의 가치는 줄어들기 마련이다. 개인 그릇을 더 많이 사용하고 서빙 방법을 개선할 여지가 많다.

외국의 저명인사들에게 한식을 사실상 세계 최고의 음식이라 소개했던 조태권 회장의 사례를 논의해 보자. '광주요'의 조태권 회장은 한식의 세계화에 일찍부터 관심을 갖고 노력해 왔다. 나는 그의 강연도 듣고 만나서 자세한 이야기도 들었다. 그에 관한 보도나 책, 인터뷰도 많지만 나는 한식의 세계화에 관련된 그의 집념과 활동에 주로 관심을 갖고 있다. 아래의 내용은 그의 강연과 여러 곳에 보도된 자료 등을 종합해 내 나름대로 정리한 것이다.

2007년 10월 19일에 미국 캘리포니아 샌프란시스코에 있는 나파 밸리에서 개최한 '한식과 도자기 이벤트'는 이런 의미에서 우리 음식 문화를 세계에 전파하는 데 획기적인 사건이었다. 나파 밸리는 미국

와인의 메카인데 여기에 미국 최고의 와인 제조업자, 포도 양조장 소유자, 음식 평론가, 오피니언 리더 등을 초청했다. 그리하여 한국 음식을 우리 고유의 도자기에 담아 우리 술과 함께 대접하며 한국 문화를 생생하게 보여주는 행사를 기획한 것이다. 한식 고유의 제대로 된 맛을 내기 위해 모든 재료를 비롯해 음식 담을 도자기 등을 한국에서 공수해 조달했다.

그때 손님 20여 명에게 한 끼의 저녁 식사를 제공하는 데 당시 시세로 2억 원 정도가 들었다고 한다. 식사를 하면서 조태권 회장은 각 음식에 사용된 재료와 음식의 특성과 건강 효과를 하나하나 설명하고 그 음식을 담은 도자기에 대해 그 의미와 특징 등을 자세히 말해 줬다.

"이 음식은 어떤 재료를 사용해 이런저런 방법으로 요리했는데 그래서 이런 맛이 나고 건강에 이렇게 좋다."고 자세히 설명하면 누구나 관심 갖고 귀를 기울인다고 했다. 음식을 담은 도자기도 음식의 맛과 온도를 유지하기 위해 특별히 제작한 것이기에 그는 이에 대한 설명도 잊지 않았다. 또 와인과 관련된 이야기를 곁들였더니 시간 가는 줄 모르게 분위기는 흥겨웠다. 여기에 나파 밸리의 최고급 와인이 한식과 잘 어울려 손님들의 반응이 좋았다고 했다.

미국식 저녁 만찬은 원래 재미있는 이야기와 술 등이 화제가 되어 담소하며 즐기는 시간인데 이런 식으로 진행되니 4시간이 넘었다고 한다. 분위기에 맞는 음식과 술, 재미있는 스토리 소재 등이 풍성해 시간 가는 것도 모를 정도로 특별한 분위기를 만들어낸 것이다.

이 기획은 단순한 식사 이벤트가 아니라 한국 음식 문화에 대한 품평회 같은 성격을 띠게 됐고 참석자들은 한국 음식과 도자기의 우수성에 대만족하며 극찬을 했다고 한다. 이것은 예외적인 하나의 이벤트였겠지만 우리 한식도 잘 디자인하고 기획하면 세계적인 음식이 될 수 있다는 것을 입증한 성공 사례라 할 수 있겠다.

여기에서 그날 제공됐던 한식 메뉴와 그 음식을 담았던 도자기를 일부 소개해 본다.[37] 현장감을 살리기 위해 '광주요'에서 작성한 자료 중에서 몇 가지를 선택해 인용해 보자.

- 어회 샐러드와 눈꽃 빛 사발형 과기: 새콤달콤하고 매콤한 초고추장 소스와 함께 생선회를 얼음이 깔린 커다란 백자에 담아 서빙.
- 바닷가재 떡 볶음과 순청자 비정형 접시: 떡과 바닷가재를 간장으로 양념하여 달콤한 맛을 내고 바닷가재의 붉은 빛과 조화를 이루도록 청자 그릇(대칭이 아닌 가리비 조개형 비대칭)에 담아 제공.
- 등심 구이와 천연 내열자기: 두툼하게 썰어낸 등심을 조선간장으로 양념하여 참숯으로 구워내고 배를 넣은 백김치와 함께 제공. '광주요'의 내열자기로 마지막 한 점까지 그 맛을 유지.
- 홍계탕 죽과 청자 내열 죽그릇: 72시간 동안 달인 홍삼 육수를 오골계와 홍삼, 전복, 약재 등을 넣어 끓인 죽을 청자 내열자기에 담아 서빙.
- *식사의 시작과 마지막을 '광주요'에서 만든 전통 증류 소주 '화요'를 방울잔에 담아 건배주로 사용.

고급 음식점을 하려면 이런 정도의 메뉴와 서빙 기법을 알아야 하지 않을까? 여기에 나오는 홍계탕 가격이 서울에서 5년 전에 25만 원이었다고 한다. 최고 등급의 홍삼과 오골계 등 최고급 재료를 사용해 가격도 상상을 초월할 정도로 비싸다. 그러나 그런 가격에도 불구하고 홍계탕 등 고급 한식 요리를 선호하는 그룹이 충분히 있다고 한다. 한국에 있는 외국인들, 그리고 부유한 한국인들, 줄서서 기다려야 할 정도로 수요자가 있었다고 한다.

통상 프랑스 요리나 일본 요리에는 이런 가격을 지불하고도 '고급 음식이니까' 하고 너그럽게 이해하는 사람이 많다. 그 차이는 무엇인가? 브랜드 이미지와 이야기의 차이인 것 같다. 우리가 한식에 대해 고급 이미지를 부여했거나 어떠한 이야기를 덧붙였다면 그런 가격도 충분히 수용될 수 있을 것이다.

음식 문화는 재료, 이를 담는 도자기, 술, 서빙 소품, 음식, 서빙 서비스, 식사 예절, 위생, 청결 상태 등으로 구성된다. 그런데 그동안 우리 음식 산업은 음식 자체만 중요시하고 다른 구성 요소에 대한 인식이 부족해 품격 있는 고급 음식 문화로 위상을 정립하지 못했다고 본다. 우리 음식을 세계화하려면 이 구성 요소 하나하나에 대한 연구와 개선이 필요하다. 음식 자체와 술, 위생, 청결 상태 등은 많이 향상됐으나 음식 담는 도자기, 주변 소품, 서빙 방법과 예절 등에서는 더 관심을 갖고 개선해야 할 점이 많다.

서비스 산업의 경쟁력 강화라는 관점에서도 이 분야를 검토하고 관련 교육과정을 많이 운영해야 한다. 지금까지 교육은 주로 조리 방법에 중점을 뒀으나 음식 산업의 경쟁력 강화를 위해 음식뿐만 아니라 서빙 방법 등 주변의 여러 요소에 대한 관심과 교육도 중요하다.

여러분도 이런 의식이 있다면 품격 있는 음식 산업에 도전해 볼 만하다. 매우 유망한 분야라고 생각한다.

음식 산업은 그 성장 전망이 매우 좋고 규모가 엄청나게 크다. 우리 한식은 이제 세계화를 시작하고 있기 때문에 관련 분야의 선진화와 함께 적극적으로 도전해 볼 필요가 있다. 이 참 한국관광공사 사장은 한국 음식의 세계화는 얼마든지 가능하다고 봤다.[38] 다만 그것을 외국 사람들이 하도록 해야 성과가 있다고 한다. 우리 음식의 원리와 철학, 기본 콘셉트만 주고 이를 응용해 외국인의 입맛에 맞게 하는 작업은 외국인에게 맡겨야 한다는 것이다.

영국 BBC 방송의 레스토랑 컨설턴트이자 작가인 켄 홈은 한국경제신문과의 인터뷰에서 "한국의 비빔국수는 먹는 이가 양념을 조절할 수 있는데, 요리사가 요리를 끝내지 않고 먹는 이에게 선택권을 부여하는 것은 다른 나라에서는 찾아볼 수 없는 흥미로운 콘셉트이다"라고 평했다. 또한 한국의 사찰음식이 세계적으로 성공 가능성이 높다고 봤다. 왜냐하면, 버섯 같은 산나물을 산에서 직접 채취해 만드는 요리는 매우 경쟁력이 있다고 생각하기 때문이다.[39]

또한, 천재 요리사로 알려진 피에르 가르니에는 한국에서 시장에 나가 재료를 점검하면서 깻잎과 도라지의 독특한 향에 주목하며 음식에 매우 창의적인 재료가 될 수 있다고 했다.[40]

일본 음식의 세계화에서 교훈을

일본은 일찍부터 자국 음식의 세계화에 관심을 갖고 노력해 왔다. 동경올림픽 이래로 초밥을 일본을 대표하는 고급 음식으로 세계에

널리 확산시키는 전략을 추진했다. 일본 전통의 도자기와 음식 문화를 결합해 세계에 고급 문화로 각인시킨 것이다.

1960~70년대에 외국 대도시에 진출해 있던 일본 식당의 주 고객은 일본 상사 주재원들이었다. 그들은 외국의 주요 고객을 일본 식당에 초대해 초밥 등 일본 음식을 일본식 문화와 함께 대접한 것이다. 당시 일본 식당 음식 가격은 매우 높게 책정돼 있어서 초청된 사람들은 음식을 즐기지는 않더라도 값비싼 음식을 대접받았다고 느끼고 일본 음식은 고가라고 인식하게 됐다. 초청된 외국인들이 서양과 매우 다른 일본 음식과 문화에 관심과 호기심을 느끼게 되는 계기를 마련한 셈이었다. 또 일본 대사관에도 일본 요리사를 배치해 일본 음식의 보급에도 노력했다고 한다.

교토의 '헤이하치차야平八茶屋'는 1576년에 찻집으로 창업돼 지금은 여관을 겸한 요릿집으로 일본 최고의 명성을 갖고 있다. 보리밥과 새우 요리 정식 등으로 유명하다. 여기에서는 선후배 간의 엄격한 상하 관계를 유지하며 요리사를 8단계에 걸쳐 도제식으로 교육한다. 1단계 설거지 훈련부터 시작해 채소 다듬기, 생선 다듬기, 생선 가시 빼내기, 칼로 생선 다듬기 단계를 거쳐 6단계에 비로소 생선회 뜨는 법을 배운다. 여기까지 오는 데 통상 20년 정도가 소요된다고 한다. 그 다음에 국물 만들기, 채소 반찬 만들기 등을 훈련해야 조리장이 될 수 있는 자격을 얻게 된다. 신입 사원 때부터 인사하는 기본자세와 대화하는 요령 등을 교육한다. 요리사는 단순한 조리 실력뿐만 아니라 재료 식별 요령, 리더십, 위생 관리 요령 등을 갖추어야 한다.[41]

03

히든 챔피언과
꿈을 설계하라

■■■

중소기업의 히든 챔피언

세계의 히든 챔피언

세계시장을 주도하는 기업은 모두 대기업일까? 독일의 세계적인 경영학자 헤르만 지몬은 자신의 저서 《히든 챔피언》에서 세계시장의 챔피언이 된 많은 기업들의 사례를 분석하고 다음과 같은 교훈을 전달한다.

히든 챔피언들은 좋은 경영이란 한 가지 큰일을 탁월하게 해결하는 게 아니라, 많지만 세부적인 일들을 경쟁자보다 더 잘하는 것이라는 것을 가르쳐준다. …… 이런 사실들은 일반인과 기업도 히든 챔피언이 될 수 있다는 것을 의미한다. 천재가 될 필요는 없다. 아주 많은 작은 일들

을 조금만 더 잘하면 되고, 그것도 목표를 향해서 끈기 있게 하면 되는 것이다.(pp. 544~545)

그는 작은 가족 기업에서 출발해 특정한 시장을 주도하고 있으면서도 잘 알려지지 않은 중소기업들을 찾아내어 '히든 챔피언'이라는 용어를 만들었다. 이 개념을 1992년부터 논문과 책을 통해 소개해 세계적인 관심을 불러일으키고 있다. 《히든 챔피언》은 1995년 처음 출판된 책을 보완해 2007년에 발간한 것이다. 그가 정의하는 히든 챔피언은 '세계 시장에서 1위~3위를 차지하거나, 소속 대륙에서 1위를 차지하며, 매출액이 40억 달러 이하, 대중에게 잘 알려지지 않은 기업'이다. 이들은 특정한 제품 중심의 좁은 시장을 선택하되 세계무대에 집중함으로써 세계시장에 대한 지배력을 행사하는 챔피언이 된다. 세계시장 점유율이 70~100%에 해당하는 기업도 많다. 예컨대 '수베락'은 콜라겐, '테트라'는 관상용 물고기 사료, '게리츠'는 무대장치와 극장 막, '드 라 뤼'는 화폐 인쇄업, '란탈'은 여객기의 객실 장비 등을 특화해 세계시장을 주도한다.

히든 챔피언들은 종업원들과 일체감을 갖고 동기 부여하며 회사를 세계 최고의 수준으로 끌어올린다. 종업원 수보다는 성과를 중시해 조직을 소규모 단위로 유지한다. 그래야 비생산적인 활동을 최소화하며 개인의 성과가 투명해진다. 어느 사장은 이렇게 표현했다. "우리는 (종업원들을) 압박하는 게 아니라 끌어당겨 줍니다." 이 회사들에서는 종업원들의 사기와 충성도가 높기 때문에 병가율, 이직률 등이 매우 낮다. 독일 기업의 평균 이직률이 7.3%인 데 비해 히든 챔피언의 이직률은 2.7%에 불과하다. 또한 병가율도 히든 챔피언이 3.2%인 반면 독일 기업은 4.2%를 기록한다.

좋은 종업원들을 뽑기 위해 수습 기간을 두고 그들이 일하는 자세를 관찰하고 팀워크를 이룰 수 있는지 여부 등을 판단해 최종 결정한다. 놀라운 사실은 결정의 주체가 사장이 아니라 같이 일할 모든 종업원이라는 점이다. 그래서 한번 입사하면 장기간 근무하게 되고 설사 중간에 특별한 사정으로 퇴직하는 경우에도 재입사하는 사례가 많다고 한다.

열정적인 종업원들이 오랜 기간 한 회사에 근무하게 되면 품질 향상이나 기술 개발이 가능해진다. 대기업이 많은 자금을 투입해 고가의 실험 장비와 많은 전문가를 참여시켜 기술을 개발하는 반면 이러한 히든 챔피언들은 규모가 작기 때문에 자금보다는 현장 전문가의 오랜 열정과 노력으로 기술 개발을 이루어 낸다.

히든 챔피언의 3분의 2 정도가 지방에 소재하고 있어 해당 지역에서 사람을 채용하게 된다. 지역에서 채용되고 그곳에 근무함으로써 할아버지, 아버지, 아들 등이 대를 잇는 경우도 많다. 이것은 그만큼 그 기업들이 지역사회에서 존경을 받고 있고 경영진과 종업원 간에 친밀한 관계가 형성돼 있으며, 종업원들이 더 깊은 소속감과 충성심을 갖게 된다는 것을 의미한다. 지방에서는 상대적으로 높은 임금을 지급하지 않더라도 그 지역에서 우수하고 열정 있고 충성심 강한 사람을 채용하기가 쉽다. 회사는 그들이 처음에는 우수한 인재가 아닐지라도 많은 교육 기회를 부여해 전문 기술자로 만들어 간다.

헤르만 지몬은 야심 있는 청년들에게 글로벌 대기업보다는 중소 규모의 히든 챔피언에 취업하라고 권고한다. 그는 대학을 졸업한 1970년 대를 경험담으로 들려준다. 당시 가장 인기가 있던 기업은 IBM이었고 우수한 사람들이 앞다투어 그곳에 취직했다. 그러나 화려한 시작과는 달리 뛰어난 인재가 넘치는 IBM에서 그들은 평범한 경력에 머물고 나중에 상당수가 중간에 감원되어 퇴직하게 된다. 반면에 이름 없던 소프트웨어 업체 SAP에 입사한 청년들은 이 회사가 급성장하면서 경제적으로나 경력 면에서 훨씬 더 나은 성과를 내게 된다.

규모가 작은 히든 챔피언에서는 다양한 경험을 쌓으면서 일찍부터 책임 있는 일을 맡을 기회를 갖게 된다. 최고 경영층이나 핵심 인재와 밀착돼 긴밀한 연대하에 많은 것을 배울 수 있다. 자신의 능력과 성과가 확연히 드러나기 때문에 일할 의욕이나 성과 보상에서도 유리하다. 여러분은 헤르만 지몬의 다음 제안을 귀 기울여 들어 보기 바란다.

이들 히든 챔피언의 경영자는 본보기로 삼아도 좋을 만큼 인상적인 경우도 많다. 직장 초년생 때부터 많이 움직이고 싶은 사람, 자발성과 기업가적 정신을 시험해 보고자 하는 사람은 히든 챔피언에 들어가라. 거기에서 최고로 매력적인 경력을 쌓을 수 있다.

한국의 히든 챔피언

한국의 히든 챔피언 사례

한국거래소는 코스닥 시장의 상장 기업을 대상으로 한국의 히든 챔피언을 선정했다. 헤르만 지몬의 기준을 고려하되 성장성과 재무 안정성 등을 종합해 2010년에 29개 기업을 히든 챔피언으로 선정한 것이다. 이 결과는 한국거래소가 발간한 《히든 챔피언에게 길을 묻다》에 실려 있다.

한국의 히든 챔피언을 분석한 결과 창업해 성공하려면 다음의 5가지 원칙을 지켜야 한다고 권고한다. ①~④에 대해서는 이 책의 PART 1에서 이미 논의했다. 남은 것은 ⑤시장 수요에 맞는 제품을 만드는 것이다.

① 꿈꾸는 자가 성공을 이룬다
② 자신의 일에 미쳐라
③ 목표는 위험하지만 크고 대담하게 가져라
④ 준비된 자만이 성공한다
⑤ 시장에서 필요한 제품을 만들어라.

주성엔지니어링 사례: 세계 1등을 목표로

히든 챔피언으로 선정된 기업들은 사람의 중요성을 이해하고 인재 중시 경영을 한다는 점에서 공통점이 있다. 한국의 대표적인 히든 챔피언인 ㈜주성엔지니어링의 황철주 대표는 직원들을 '선수'라고 부르며 그들이 세상에서 가장 잘 살고 대우받는 사람이 되어 행복하게 살 수 있게 하겠다는 목표를 갖고 있다.

세계적인 반도체 장비 회사로 성장하기까지 돈을 벌기보다는 '세계

1등'을 목표로 하고 있다. 세계 1등을 목표로 하니 지식이나 기술이 문제가 아니라 사람들의 의식이 문제라는 것을 깨닫게 된다. 즉, '1등 기술'보다 '1등 의식'을 가진 인재가 더 중요하다는 것이다. 세계 1등을 하려면 그에 맞는 의식을 가져야 하고 시스템도 바꿔야 한다. 다른 회사가 하지 않는 새로운 방식을 찾아야 한다. 황철주 대표는 말한다.

세계 경쟁 업체들과의 차별성, 그것이 바로 우리의 1등 의식입니다. 성공을 위한 조언으로 많은 사람들이 '도요타처럼 일하라' 또는 '스티브 잡스처럼'이라는 말을 합니다. 하지만 그렇게 해서는 평생 1등만을 쫓아다니는 2등에 불과할 뿐입니다. 내가 가지고 있는 고유성, 그것 하나만으로 열정과 의욕이 치솟아 오른다면 세계 1등을 못할 수 없습니다. 그리고 그 1등 의식을 자라나게 하고 가꾸는 것은 부모의 마음으로 사랑과 정성을 다하는 리더의 몫이죠.

신입 사원에게는 기술보다 인생교육을 더 강조한다. 지식이나 기술 이전에 올바른 가치관, 직업관을 가져야 한다는 것이다. 일 년에 1~2회씩 모든 직원들이 자기의 철학을 발표하며 일하는 의미 등을 생각해 보게 한다. 그는 공고를 졸업하고 직장에 다니다가 친구의 권고로 인하대학교 전자공학과를 졸업했다. 10여 년의 기업 경험을 토대로 창업하고 세계 1등이 되고자 하는 집념, 다른 사람과 차별화하려는 의지로 세계 최고 수준의 반도체 장비 업체로 성장하게 됐다.

열정과 도전 정신으로 무장한 주성엔지니어링의 선수들이 즐겁게 일하며 창의력을 발휘하도록 회사를 행복한 공간으로 만들기 위해 노력한다.

또 다른 히든 챔피언들

㈜KH바텍은 세계 최초의 초박막 아연과 마그네슘 합금 소재 초소형 휴대폰 부품을 개발해 삼성전자와 애플, 노키아 등에 공급하는 히든 챔피언이다. 세계시장 점유율이 3위이다. 이러한 성과는 직원들의 열정과 주인 의식에서 비롯된 결과다. 남광희 대표는 사업 성공의 핵심적인 요소로 경험을 통한 직관을 강조하고, 직관에 따른 결정과 책임감을 중시한다. 무엇보다도 직원들에게 열정을 다하도록 요구하고 채용 시에도 이를 가장 중시한다.

명문 일류대 나온 똑똑한 직원이 내는 성과는 7~8배지만, 역량이 좀 부족하더라도 열정이 있고 끝까지 노력하며 밤샘하는 직원이 내는 성과는 20~30배라고 한다. 전 직원의 3~4%만 그런 열정적인 직원이 있어도 그 회사는 성공한다.

㈜뷰웍스는 의료 기기 X-Ray 추적 시스템 CCC-DR로 세계시장 점유율 1위를 차지하는 히든 챔피언이다. 직원은 74명의 작은 기업이지만 가격 경쟁력이 뛰어난 최첨단 제품을 만들고 있다. 서울대학교 물리학과를 졸업한 김후식 대표는 직원들의 안이한 태도, 소극적 자세, 엘리트라는 자만심 등을 아주 싫어한다. 직원들에게 자율성과 열정을 고취하기 위해 회사에서는 일의 목표만 제시하고 구체적인 방법이나 태도에 대해서는 직원에게 일임한다. 성과에 대해서는 충분한 보상을 하고 직원들에 대한 교육훈련을 중시한다. 이러한 교육훈련과 연구 개발을 토대로 적극적이고 열정 있는 직원들이 세계 최고 수준의 첨단 제품을 생산한다. 김 대표는 말한다.

대기업, 편한 직장, 돈 벌기 위한 직장, 직장을 위한 직장을 찾으면 안 됩니다. 자기 적성을 살려 재미있게 일할 수 있는 직장을 찾아야 합니다. 시간이 걸리더라도 그런 직장을 찾아야 마침내 성공합니다.

취업난에 시달리더라도 청년들이 귀담아 들어야 할 의견이다. 대기업에는 강력한 관료제 같은 조직 체계가 형성돼 있어 효율적인 측면도 있지만 자기만의 창의력을 발휘하거나 자기 적성에 맞는 일을 찾아 하기는 어렵다. 자기 적성에 맞고 직원들의 자율성을 인정하는 중소기업에 취업하면 오히려 자기의 꿈을 실현할 기회가 더 많아질 것이다.

중소기업에 가서 히든 챔피언으로 만들자

히든 챔피언의 사장들이 지적한 바와 같이 중소기업에 가면 능력 개발에서 불리한 측면이 있는 반면 얻을 수 있는 강점도 많다. 중소기업은 작은 조직 규모 때문에 수시로 사장과 격의 없이 대화하고 소통할 수 있고, 능력 있는 사람은 금방 그 실력을 인정받아 빠른 승진이 가능하다. 또 중소기업에서는 업무가 세분화돼 있지 않아 여러 분야의 다양한 업무를 익히게 되고 종합적인 판단력과 기획력 등을 향상시킬 수 있다. 경쟁력 있는 사람이 중소기업에 가서 다방면의 일을 하면서 기여할 수 있는 것과 업무가 세분화된 대기업에 가서 작은 부품과 같은 일을 하는 것은 차원이 다르다. 나중에 창업하려는 사람에게는 이러한 경험이 매우 유용하다.

그래서 야심 있는 청년이라면 중소기업에 도전해 볼 만하다. 이는 앞에서 소개한 나가모리 회장 등 세계적인 경영자의 시각과도 통한다. 열정이 있는 청년이라면 건실한 중소기업에서 더 나은 경력을 쌓아 발전할 수 있다는 것이다. 대기업은 활력이나 유연성, 소통에서 중소기업보다 더 나을 수 없다. 현재 다소 불리하더라도 인재를 아끼고 발전 가능한 중소기업에 도전해 보는 것은 충분히 보상받을 만하다고 생각한다. 또한 열정 있는 청년이 들어가서 혁신적으로 경쟁력을 강화할 수 있는 곳도 중소기업이다. 여러분의 경쟁력 강화 프로그램의 성과를 시험해 보라.

참고로 고용노동부가 국가 취업 포털 사이트로 운영하는 잡영 http://jobyoung.work.go.kr은 대졸자들을 대상으로 하는 사이트인데, 여기에 대졸자들이 취업할 만한 검증된 중소기업에 대한 정보가 6만 건 이상 등재되어 있다.

비정규직 이슈와 창업

인생에는 디딤돌이나 징검다리도 필요하다

청년들의 마음을 아프게 하는 '88만원 세대'라는 용어는 파트타임, 기간제, 파견 근로 등 비정규직으로 일을 하는 20대 청년들을 지칭하는 용어로 쓰이고 있다. 우석훈·박권일 공저의 《88만원 세대》는 2007년 출판된 이래 많은 사람들의 관심과 논란을 불러일으켰다. 저자들은 20대 청년들이 이러한 상황에 처하게 된 사회·경제적인 근거를 상세히 분석하고 나름의 해법을 제시하고 있다. 이 책은 청년들에게 암울한 미래를 암시하는 우울한 보고서이다.

통계청에서 발표한 2011년 3월 현재 비정규직 근로자는 577만 명으로 임금 근로자의 33.8%를 차지한다. 이 숫자는 공교롭게도 비정규직법이 시행된 2007년 3월의 통계와 같다. 비정규직법은 기간제, 단시간 근로자, 파견 근로자 등의 비정규직을 보호하고 과도한 비정규직의 사용을 제한하기 위해 2007년 7월부터 시행된 법률이다. 그런데 이러한 비정규직 보호법이 시행된 후에 그 숫자가 다소 줄더니 최근에 다시 종전 수준으로 늘어났다. 결국 비정규직 사용을 제한하는 법이 시행되고도 비정규직이 줄지 않았다는 의미이다.

비정규직 이슈는 우리 노동시장의 핵심 쟁점의 하나가 되었다. 과거에는 학교를 졸업하면 평생직장을 선택해 정규직으로 일하다가 정년퇴직하는 게 일반적이었다. 그런데 요즘은 곧바로 정규직으로 들어가는 게 쉽지 않고 인턴, 기간제 등 비정규직을 거쳐 정규직이 되거나 여러 직장을 비정규직으로 옮겨 다니는 것도 흔한 상황이 되었다. 수백만 명이 원하지 않는 비정규직 상태에 있다는 것은 매우 중대한 문제이다.

왜 기업은 정규직이 아닌 비정규직을 채용하는 것일까? 비정규직은 성격상 소속 회사에 대한 충성심이나 애사심이 없고 업무에 대한 전문성을 쌓을 기회도 적다. 생산성을 중시하거나 장기적으로 발전하고자 하는 기업의 입장에서 선택할 길이 아니다. 더구나 그 기업의 핵심 업무에까지 비정규직을 장기간 사용하는 기업은 결코 발전 가능성이 없다고 할 수 있다.

그런데도 기업은 고용의 유연성이나 인건비 절약을 명분으로 비정규직을 활용한다. 근로자의 입장에서는 고용의 유연성이란 고용 불안을 의미한다. 거기에 임금까지 정규직에 비해 훨씬 차별받게 되니 이중으로 불만이 쌓이지 않을 수 없다. 시장경제에서 계약은 쌍방 간의 '기브 앤드 테이크'인데 당사자 한쪽에게 일방적으로 유리하고 다른 쪽에는 일방적으로 불리한 계약이 지속되면 당연히 그 상대방의 불만이 누적될 수밖에 없다.

그런데 왜 선진국에서는 비정규직 비율이 30~50%를 차지해도 큰 사회문제가 되지 않는 것일까? 그것은 정규직과 비정규직 간에 임금, 사회보장, 능력 개발 기회 등에서 차이가 별로 없기 때문이다. 근로자 입장에서 여러 사정으로 인해 파트타임 등 유연한 고용이 더 편리한 경우가 있다. 50대 중반에 정년퇴직을 하고 점진적으로 은퇴를 준비하는 고령자, 육아휴직 중에 있거나 육아기를 지나고 직장에 복귀하고자 하는 여성, 학교 졸업 후 적성에 맞는 직업을 찾기 위해 직장 경험을 쌓고자 하는 청년 등 근로자 스스로의 필요에 따라 파트타임 등 비정규직 근무 형태를 필요로 하는 사람도 있게 마련이다.

이런 사람들에게 비정규직은 헤어나기 어려운 함정이 아니다. 오히려 유연한 고용의 한 형태로서 정규직으로 가는 과도기, 디딤돌 역할을 하고 은퇴로 가는 징검다리 기능도 하게 된다. 그래서 근로자나 기업에서도 큰 부담을 갖지 않고 활용할 수 있게 된다.

유럽에서 발달한 이행노동시장 이론에서는 파트타임, 기간제 등의 유연한 고용을 정규직 상용직으로 이행해 가는 디딤돌로서 적극 활용하게 한다. 이러한 관점에서는 '비정규직'이 아니라 하나의 '유연한 고용 형태'인 것이다. 다만 사회통합을 위해 종전에 비해 소득이 떨어지는 경우에 보전해 준다든가, 더 나은 자리로 이행해 가도록 교육훈련받을 기회를 제공하거나 취업 지원 서비스하는 제도를 시행하라고 제안하고 있다. 또한, 비정규직과 정규직 간의 과도한 격차를 줄이라는 것도 중요한 정책 과제이다.

고용 없는 성장 시대에 들어서면서 노동시장에서의 여러 이행이 늘어나는 상황에서는 이러한 이행을 잘 활용하려는 노력과 지원 프로그램이 중요하다. 비정규직 문제 해결의 핵심 과제는 부당한 차별을 하지 않는 것이다. 동일한 업무를 하는데도 불구하고 비정규직이라는 이유만으로 정규직보다 훨씬 낮은 임금을 지급하는 것은 안 된다. 기업이 고용의 유연성을 가지려면 적어도 임금만큼은 동등하게 지급해야 한다.

안타깝지만 비정규직 문제는 개인의 힘으로 대세를 바꿀 수는 없다. '20대여, 토플 책을 덮고 바리케이드를 치고 짱돌을 들어라' 하고 주장하는 《88만원 세대》의 논리는 집단의 논리이다. 개개인의 입장에서 여러분은 정규직에 취업하려 노력해야 하겠지만 설사 비정규직에 취업하게 되더라도 실망만 할 일은 아니다. '어떤' 일을 하느냐가 중요한 게 아니라 '어떻게' 하느냐가 중요하다. 불가피하게 비정규직 일을 하게 되더라도 그 일을 디딤돌이나 징검다리로 삼아 경력을 쌓고 능력을 개발해 더 발전하는 기회를 찾도록 노력해야 한다. 마음에 들지 않는 단순한 일, 좋지 않은 조건이라 하더라도 모든 열정을 쏟아 최선을 다해보자. 이왕에 할 바에는 즐겁게 일해야 한다. 이렇게 하다 보면 반드시 길이 열릴 것이라고 생각한다. 이것이 성공의 디딤돌이라고 생각하면 얼마든지 활용할 길이 보일 것이다.

함정에 빠지느냐 디딤돌로 삼아 희망의 자리로 도약하느냐는 여러분 하기에 달려 있다. 이 책의 PART 1, PART 2 경쟁력 강화 프로그램에서 누차에 걸쳐 강조했듯이 열정과 자부심을 갖고 온 정성을 다해 일하는 인재를 비정규직에 계속 방치하는 기업가는 없을 것이다. 그렇게 일해도 인정하지 않는 기업에는 희망이 없다. 비정규직으로 들어갔다가 능력을 인정받아 정규직으로 전환하는 사례도 많다.

D 양은 외국계 P 은행 지점에 정규 직원의 출산휴가를 메우기 위한 대체 인원으로 1년간 파견된 사원이었다. 그 기간 중에 정말 열심히 일해 상사, 동료들로부터 웬만한 정규직보다 낫다는 평가를 받았고 다른 부서에 공석이 생기자 상사의 적극 추천으로 그 자리에 정식 채용됐다. B 양은 외국에서 대학을 다니던 중 여름방학 기간에 L전자에 2개월 인턴으로 들어갔다. 인턴 신분이지만 밤늦게까지 근무하는 것은 물론이고 주말에도 다른 정규 직원들과 똑같이 무슨 일이든지 가리지 않고 열정적으로 일했다. 그리고 조직에서 이를 높게 평가했다. 회사에서는 졸업하자마자 바로 B 양을 정규 직원으로 채용했고 그녀는 현재 열심히 근무하고 있다.

제도를 바꾸는 일은 사회의 책임이지 개인의 책임은 아니다. 개인으로서는 제도를 탓하기에 앞서 나의 경쟁력을 키우는 일이 급선무다. 그게 바로 여러분이 할 일이다!

영국의 세계적인 경영 구루인 찰스 핸디가 쓴 《코끼리와 벼룩》에서 '포트폴리오 인생'이나 벼룩 같은 프리랜서 생활을 이야기할 때 나는 우리나라에도 그런 시대가 이렇게 빨리 오리라고 예상하지 못했다.

그러나 최근 스마트폰의 급속한 확산과 함께 이른바 '스마트 워크'에 대한 본격적인 논의가 이미 시작되었다. 정부까지 나서서 스마트 워크 활성화 전략을 논의하는 실정이다.(2010년 7월)

스마트 워크는 '시간과 장소에 구애받지 않고 일하는 방법'에 변화를 가져올 뿐만 아니라 고용 형태에도 영향을 준다. N세대의 특징과 포트폴리오의 인생, 스마트 워크 등의 변화는 잘 부합되는 것 같다. N세대가 아니더라도 이제 이러한 생활이 널리 확산되고 있는데 청년들도 이러한 흐름에 맞춰 준비를 해야 할 때가 된 것이다.

창업의 시대, 어떻게 창업할까?

한 신문에 보도된 고건 전 국무총리의 아들인 고진 사장의 창업 이야기는 여러분이 꼭 새겨들을 만하다.[42] 고 사장의 할아버지(고건 총리의 부친으로 서울대학교 철학과 교수와 전북대학교 총장을 역임한 고형곤 박사)가 서울대학교 전자공학과를 졸업하고 미국 시라큐스 대학에서 컴퓨터 공학박사 학위를 받은 손자에게 조언했다고 한다.

고리타분하게 대기업이나 학교에 가지마라. 앞으로의 세상은 다르다. 일찍 창업하는 게 좋을 것이다.

그래서 그는 바로 창업해 동영상 압축 기술을 개발하는 '갤럭시아 커뮤니케이션즈'라는 기업을 운영하고 있다. 이것은 지금부터 18년 전의 이야기이다. 나라면 내 아들이나 가족, 친지에게 이런 권고를 할 수 있을까?

이제는 창업이 더 중요한 시대가 되었다. 미국에서 1980년 이후 새로 늘어난 일자리는 창업 5년 이내의 신생 기업이 주도했다고 한다. 기업가 정신을 육성하는 비영리 재단으로서 세계 1위인 미국 카우프만 재단의 칼 슈람 이사장은 말한다.

번듯한 대기업이 아니라 신생기업 창업과 치열한 경쟁, 그리고 실패와 성공이라는 역동적인 과정이 경제성장을 일으키는 본질입니다. 미국을 비롯한 자유시장 경제에 활력을 불어넣는 것이 바로 이 같은 신생 기업의 기업가 정신이죠.[43]

그래서 창업하고 기업을 운영하는 기업가 정신이 중요한 것이다.

기업가 정신 교육 분야의 전문가인 미국 뱁슨대학의 도나 캘리 교수는 "한국은 여성과 청년의 창업이 부족하다. 이들이 주로 대기업이나 정부 기관에서만 근무하기를 선호하는 문화적 현상도 있지만 기업가 정신에 대한 체계적인 교육이 미진하기 때문이다."라고 진단한다.[44] 미국은 300개 이상의 대학에서 기업가 정신 과정을 개설해 운영한다.

1990년대 후반 IMF 외환 위기를 극복하기 위해 정부는 IT 분야를 중심으로 벤처기업의 육성 등 대대적인 창업 지원 시책을 펼쳤다. 그 결과 벤처 창업 붐이 일어났으나 2000년대 초의 IT 거품 붕괴와 더불어 창업 열기가 식어 버렸다.

다행히 최근에 다시 정부, 민간, 대학 등의 노력으로 창업 붐이 되살아나고 있다. 벤처 창업을 지원하기 위해서는 벤처 펀드를 결성해 벤처기업 투자를 지원하는 시스템이 마련돼야 한다. 실리콘 밸리의 성공에도 벤처 펀드의 역할을 빼놓을 수 없다. 정부 관련 기관들이 1조 2000억 원의 모태 펀드를 조성해 160개의 민간 벤처 펀드에 자금을 공급해 준다는 계획이 발표되었다.[45] 열정이 있는 청년들이 적극 도전해 볼 만하다.

이스라엘은 세계에서 가장 혁신적이고 기업가 정신이 왕성한 곳이다. 그래서 세계 최고의 창업 국가이다. 인구 1인당 신생 기업 수가 세계에서 가장 많다고 한다. 인구 710만 명의 작은 국가이지만 1인당 벤처 자금 유입액은 미국의 2.5배이고 전 세계 벤처 자금의 50%를 끌어온다고 한다. 창업에서 우리가 배우고 참고할 부분이 많다고 생각한다.

이스라엘은 징병제를 실시해 남녀 누구나 군대에 가야 하지만 학생들은 어느 대학에 갈 것인지를 고민하는 것보다 어느 군부대를 선택할지를 더 고민한다. 부대마다 다른 내용의 훈련을 시행하므로 어느 부대를 선택하느냐에 따라 근무 중 습득하는 경험과 기술에서 차이가 있기 때문이다. 그리고 그것들이 제대 후 취업에 중요한 결정 기준이 되기 때문이다. 군대 생활이 단순한 의무 복무 기간에 그치지 않고 사회생활에 필요한 핵심 역량을 키워주는 학습 기간으로서의 역할을 하는 셈이다. 군대에서 익힌 다양한 기술과 강인한 체력, 신속한 대응과 결단, 도전 정신, 리더십 훈련 등이 창업에도 기여한다. 창업을 비롯한 이스라엘 경제성장의 비밀은 사울 싱어와 댄 세노르가 공저한 《창업국가》에 상세히 묘사되어 있다.

또한 유대인들은 실패를 용인하는 문화를 갖고 있고 자신이 모르는 것을 솔직히 인정하며 무엇이든지 당당하게 질문하는 이른바, '후츠파' 정신을 지니고 있다. 이것이 도전과 창의력의 원동력이 되었다. 오랜 역경을 거친 역사, 주변 국가들과의 상시적인 준전시체제 속에서 형성된 권한 위임과 신속한 의사 결정, 이민자가 많은 다원성 등 모든 여건들이 혁신과 창의력, 도전의 창업을 촉진하고 있다. 결국 아무리 어려운 여건도 활용하기에 따라서는 도리어 유용한 조건으로 탈바꿈하는 것이다.

저탄소 녹색 성장이 세계적인 화두가 되고 있는 가운데 군터 파울리는 생태계에서 얻은 지혜로 '10년 안에 100개의 혁신 기술을 활용한다면 1억 개의 일자리를 만들 수 있다'고 주장한다. 주로 식물과 동물의 습성을 연구해 얻은 100개의 혁신적인 아이디어는 쉽게 사업화할 수 있는 것들이고 이미 여러 나라에서 그렇게 진행되고 있다. 세계 최대 환경 기업 에코버의 설립자인 군터 파울리는 로마 클럽 보고서로 채택된 《블루 이코노미》에서 100개의 혁신 기술이 구체적으로 어떻게 사업화되고 일자리를 만들 수 있는지 설명한다.

예를 들면 커피의 쓰레기는 버섯 재배에 매우 효과적이라는 것이 입증되었다. 느타리버섯, 표고버섯뿐만 아니라 영지버섯 재배에도 이상적이라는 것이다. 농장에서 수확한 커피 원두 중 소비자가 최종 커피로 추출하여 마시는 부분은 전체의 0.2%에 지나지 않고 99.8%가 쓰레기로 버려진다. 커피 열매(체리)에서 겉 표면의 껍데기를 제거하면 커피 생두가 나오고 이 생두를 볶아 가루로 만들어 여기에서 커피를 추출하게 된다. 이 과정에서 농장에서는 커피 열매 껍데기가 대량의 쓰레기로 나오고 커피숍에서는 커피를 내리고 남은 찌꺼기가 쌓인다.

214

전 세계에서 연간 소비되는 커피의 양이 800만 톤(2008년 현재)이 넘고 그 대부분이 쓰레기라면 엄청난 환경오염 문제를 안고 있다. 그런데 이를 버섯 재배에 활용한다면 환경오염도 방지하면서 버섯이라는 고단백 농작물을 수확해 일자리와 소득 확보가 가능해진다. 그는 커피의 쓰레기 활용으로 전 세계에서 5천만 내지 1억 개 이상의 일자리 창출이 가능하다고 추산한다.

100개의 혁신 기술 중에는 한국 사람이 개발한 기술도 포함되어 있다. 서영석과 오태성은 개미가 땅속에 저장해 놓은 식물 조각들이 토양을 비옥하게 하는 영양분을 공급할 뿐만 아니라 분해 과정에서 열을 방출한다는 사실을 발견했다. 이 기술을 활용하면 온실 공기를 덥히는 대신 땅을 덥혀 온실 온도를 유지함으로써 에너지 소비를 줄일 수 있다. 이미 일본에서는 토마토와 딸기 재배에 이 기술을 활용하고 있다.

이러한 혁신 기술들은 토마토를 이용한 자외선 차단제 생산과 같이 대부분 바로 실용화할 수 있는 것들이다. 군터 파울리는 생태계에서 배운 지혜로 지속 가능한 성장을 제안했지만 나는 여러분 개인의 창업 아이디어로 활용할 것을 제안한다. 많은 자본이 소요되지 않은 기술도 있어 관심을 가져 볼 필요가 있다. 이 책이 이미 2010년에 발간되었으므로 더 늦기 전에 서두르는 게 좋겠다.

자영업 창업은 고용정책 차원에서는 '내가 나를 고용하는 것self-employment'이라는 의미에서 고용의 일부이다. 통상 1인 기업에서 출발해 조금씩 중소기업으로 확대되기도 하지만 1인 기업 자체도 훌륭한 사업이다. 지식 서비스 분야에서 독특한 아이디어를 가진 개인이 혼자서나 동료 2~3인과 함께 창업하는 1인 창조 기업은 식당이나 가게 등의 생계형 기업과는 구분된다. 중소기업청과 지방자치단체가 다양한 창업 지원 제도를 만들어 운영하고 있으므로 아이디어와 기술을 가진 청년이라면 이러한 지원을 활용해 창업에 도전해 볼 만하다.

1997년에 고려대학교 학생 3인이 설립한 벤처기업 '컴투스'는 검색엔진 개발로 시작해 여러 시행착오 과정을 거치면서 모바일 게임 전문 업체로 크게 성공했다. 국내 최초의 모바일 역할연기 게임 '춘추 열국지'와 연애 시뮬레이션 게임 '연인'을 개발하고 이어서 스마트폰 게임 '써드 블레이드'를 앱스토어에 올려 급성장하고 있다.

혁신적 벤처 창업은 창의력과 혁신 아이디어가 넘치고 도전적인 청년들에게 더 유리하다. 구글, 페이스북, 애플, MS 등 20대 창업의 성공 사례를 한국에서도 기대하고 싶다. 특히 공학 전공자와 인문 사회과학 전공자가 아이디어를 융합한다면 기회가 더욱 커지지 않을까? 창업은 위험 부담이 크기 때문에 가급적 빨리 시작해야 리스크를 최소화할 수 있다. 스마트폰을 기반으로 하는 창업은 비교적 용이하기 때문에 아이디어와 도전 정신을 가진 N세대 청년들이 과감하게 도전하고 창업이 활성화되어 사회에 역동적인 에너지가 넘쳐나면 좋겠다.

04

청춘의 발이
닿지 않을 곳은 없다

■ ■ ■

세계무대로 나가자

대우그룹 설립자 김우중 회장이 《세계는 넓고 할 일은 많다》는 책을 낸 게 1989년이다. 그리고 토머스 프리드만이 《세계는 평평하다》는 책을 펴낸 시기는 2005년이다.

내가 여러분에게 전하고 싶은 메시지도 세계는 넓고 평평하고 도전할 일은 많다는 것이다. 우리 경제가 고도성장을 지속하고 '하면 된다'는 자신감이 팽배했지만 청년들의 취업무대가 주로 국내이던 시기에 김우중 회장은 청년들에게 세계로 진출하라는 강한 메시지를 전했다. 1980년대에 수교도 안 된 공산권 국가와 아프리카 오지 등 전 세계를 무대로 왕성한 비즈니스를 펼쳤던 자신의 경험을 바탕으로 청년들에게 국내에만 머물지 말고 세계로 나가 비즈니스를 개척

하라는 것이었다. 이러한 메시지는 출간 초기부터 많은 청년들에게 감동을 주고 청년들이 여기에 자극받아 세계로 진출하기 시작했다.

현대그룹의 창업자 정주영 회장은 기업을 시작하면서 '장사가 아닌 생산 업체'로 성장하고 '국내보다는 해외시장'에 주력하겠다는 결심을 한다. 드디어 1965년엔 태국의 고속도로 건설공사에 도전한다. 우리나라에서 경부고속도로 건설공사를 시작한 시기는 그보다 3년 늦은 1968년이다. 국내보다도 해외에서 먼저 모험을 감행한 것이다.

프리드만이 세계화의 진전과 인터넷과 웹의 보급으로 세계가 가까워지고 평평해졌다고 한 선언은 많은 파장을 가져왔다. 세계화는 선진국과 개발도상국 간의 격차를 확대한다는 문제로 많은 비판을 받았고 도처에서 저항을 받기도 했다. 그러나 아프리카, 아시아, 남미 등 세계 각지에 개발의 붐을 가져온 효과도 분명하다.

이제 누구든지 어디에서나 외국 현지에 가서 도전해 볼 길이 열렸고 또 성공할 기회가 많아졌다. 요즘 우리나라 대학생들은 재학 중에 해외에 가서 유학뿐 아니라 어학연수, 인턴, 배낭여행 등 많은 해외 경험을 쌓고 있다. 2007년에 나는 이집트 룩소르에 가서 20대 한국 청년 6명이 KOICA 봉사 요원으로 활동하고 있는 것을 목격했다. 그 중 4명이 여학생이었다.

1970~80년대 고도 성장기에 우리나라에 많은 비즈니스 기회가 있었듯이 평평해진 세계 곳곳에서 경제성장을 시작하는 개발도상국에는 우리 청년들이 활용할 기회가 늘어나고 있다. 우리의 경제성장 성공 사례는 아시아와 아프리카의 많은 나라들이 가장 본받고 싶어 하는 모델이 되었고 그만큼 우리의 경험을 배우려는 나라도 많다. 한국

과 한국인에 대한 이미지도 좋다. 그래서 이런 나라에 가서 우리의 제도와 경험을 보급하고 그 나라의 문화를 공부하는 것도 해외 진출의 좋은 출발이 될 것이다.

최근 들어 국내에서 취업난에 직면한 많은 청년들이 해외로 눈을 돌려 도전 기회를 찾고 있다. 과거와 달리 청년들이 진출하는 국가나 취업 직종도 매우 다양해지고 있다. 국가별로는 미국, 일본, 중동 편향에서 이제는 중국, 호주, 캐나다와 UAE, 싱가포르 등 많은 나라로 확대됐다. 직종도 미용이나 조리 등의 서비스직에서 의료 분야와 기계, 전자, 건설, 토목 등으로 늘어나고 있다. 고용노동부 자료를 보면 2010년에 해외 취업을 위해 구직 신청한 사람이 2만 명을 넘었고 해외에서 우리 근로자에 대한 구인 신청도 5000명을 넘었다. 취업한 사람이 2700여 명으로 5년 전과 비교해 70% 가까이 늘어났다고 한다.

우리 기업이 외국에 많이 진출할수록 우리 청년들의 해외 취업 기회도 늘어난다. 중국의 청도, 천진 등에 진출한 한국 회사에 가보면 그곳 현지에 와서 일할 한국 청년을 구하지 못해 안타깝다고 한다. 현지인을 채용하려 노력하는데 중국 현지에서도 인력난으로 사람 채용이 어렵다. 더구나 중국의 직장 문화가 한국과 많이 달라 우리 기업의 문화를 이해하면서 중국 근로자들과 한국 경영자의 연결 역할을 해줄 중간층이 꼭 필요하다고 한다. 중국어를 할 수 있고 공장에서 근무할 실무 능력을 갖추면 되는데 괜찮은 한국 청년들은 외국 근무를 기피한다는 것이다. 청년들은 가족과 친구들을 떠나 외국에 오래 근무하는 것을 선호하지 않는다. 특히 결혼이나 재테크에서 불리해진다며 기피한다. 그렇지만 외국에서도 많은 기회가 있을 텐데, 안타깝다.

나는 그런 시도가 장기적으로 결코 손해가 아니라고 생각한다.

우리나라 사람들은 다이내믹하고 성실하며 비상한 재주를 갖고 있어 조금만 준비한다면 세계 어디에서도 잘 적응해 기회를 만들어 낼 수 있을 것이다. 다만 언어나 음식, 매너, 세계 문화에 대한 관심과 국제화 마인드의 부족 등 보완해야 할 측면도 있다. G20 회의도 개최했지만 우리는 다른 나라의 역사나 문화, 종교 등에 대해 관심이 너무 적다. 청년들이 관심을 갖고 국제 뉴스나 TV 프로그램, 관련 서적을 찾아 공부해 볼 것을 권고한다.

세상에는 인종, 종교, 언어, 기타 생활 관습 등이 다른 수많은 나라와 민족이 있다. 이러한 사람들과도 어울릴 수 있어야 세계화가 되고 도전의 기회가 되는데 우리나라 사람들은 이런 면에서 상대적으로 취약하다. 인도 출신들이 세계적인 다국적 기업의 CEO로도 발탁되고 성공하는 사람이 많은 것도 영어에 능숙하다는 것 이외에 다문화와 다종교에 대한 포용력이 큰 강점으로 작용한다고 생각한다.

국내에 들어와 있는 외국인들과의 교류를 통해 국제화 마인드를 갖는 것도 필요하다. 몇 년 전에 인도에 갔을 때 안내를 맡은 인도 청년은 한국에 와서 1년 정도 취업했다는데 한국에 대해 좋은 인상을 갖게 되어 한국어를 배웠다. 지금은 한국에 대한 이해와 한국어 실력을 바탕으로 한국 기업 지사에서 일하며 한국과의 인연을 이어가고 있다. 이렇게 한 번 맺은 외국과의 인연이 그 사람의 평생 자산이 되기도 한다. 세계 여러 나라에서 한국을 다녀간 사람이 엄청나게 늘어가고 우리가 해외를 여행하는 기회도 많아 이들에게 좋은 인상을 주고 적절한 유대를 만드는 것도 중요한 투자이다.

고령화도 기회로 삼자

"저출산 고령화는 우리가 직면하고 있는 최대 현안 중 하나이다. 우리나라는 세계에서 가장 출산율이 낮고 고령화 속도가 가장 빠른 나라에 속하며, 2018년에는 절대 인구가 감소하기 시작한다." 이렇게 말하면 여러분은 그건 다 알고 있는 사실이라고 할 것이다. 그렇다면 이것은 청년 여러분에게 어떤 의미인가? 또, 인구구조의 변화가 사회·경제에 초래할 영향에 대해 알고 있는가? 그래서 어떻게 대응할 것인가?

요즘 취업난에 스트레스를 받는 대학생들이 술자리에서 "우리 아버지 빼놓고 나이 든 사람들은 빨리 직장을 그만두고 우리에게 일자리를 양보했으면 좋겠다."라는 말을 한다고 한다. 이른바 일자리에 관한 세대 간 갈등이다. 경제가 성장해도 고용 기회가 취업 인구의 증가 속도에 비해 빨리 늘어나지 못해 이른바 '고용 없는 성장'이 되면서 생긴 현상이다. 일자리가 기대만큼 늘어나지 못하니 대졸자들은 졸업하고도 취업하기 어려워 심각한 취업난을 겪고 있다. 언제까지 그럴까?

한편 기성세대들도 마찬가지로 조기 퇴직의 압력에 몰려 직장에서 정년을 채우지 못하고 밀려나는 사례가 속출하고 있다. 청년들의 압력이 없더라도 아버지 세대의 고령자들이 정년까지 직장을 계속 유지하는 게 참으로 어려운 세상이 됐다. 세대 간의 갈등이 아니라 모든 세대의 문제인 것이다.

우리나라는 세계에서 유례가 없이 빠른 속도로 저출산과 고령화가 진행되면서 인구구조에 변화를 초래하고 있다. 65세 이상 고령자가 총인구에서 14% 이상을 차지하면 '고령사회'라 하는데, 우리나라는 2018년에 고령사회에 도달할 것으로 전망된다. 15세부터 64세까지의 생산 가능 인구도 2016년을 정점으로 감소하고 총인구는 2018년부터 감소하기 시작한다고 한다. 생산 활동을 담당할 노동력이 줄어들기 시작한다는 의미이다.

이것은 선진국 중 가장 빠른 속도로 고령화가 진행되었다는 일본보다 더 빠른 추세이다. 일본은 생산 가능 인구가 1995년에 정점에 도달한 후 감소하는 추세이며, 총인구는 이미 2006년부터 감소하고 있다. 인구 변화가 어떠한 영향을 초래하는지를 알려면 우선 일본의 사례를 분석하면 된다. 일본은 인구 감소의 후유증을 현재 생생하게 경험하는 중이다.

일본에서는 지난 30년간 14세 이하 인구가 40% 가까이 감소해 치대와 약대를 포함해 각급 학교가 정원 부족에 시달린다. 어린이들로 붐비던 엑스포랜드가 폐쇄되고 동물원도 관람객이 대폭 줄었다. 한편, 2010년 현재 빈집이 800만 채에 이르고 갈수록 늘어날 것으로 전망된다. 고령자의 급속한 증가로 단독 가구가 늘어나 소형 주택은 부족하고 종전의 4인 가족 주택은 남아도는 셈이다. 인구 변화는 이렇게 많은 변화를 초래한다.

이것은 일본의 사례이지만 우리나라도 그럴 가능성이 바로 눈앞에 다가왔다는 것을 한번 더 지적하고 싶다. 한국도 2016년부터 생산 가능 인구가 줄어들면 경제의 성장 잠재력이 감소한다. 노동력 감소에 따라 소득과 소비가 감소하는 반면에 고령자들을 위한 복지 비용이 급격히 늘어나 생산 인구의 조세 부담은 늘어날 수 있다. 또한 인구구조가 바뀌면서 금융 상품과 소비 행태, 주거 형태뿐만 아니라 경제적·사회적으로 우리가 겪어 보지 못한 엄청난 변화를 초래할 것이다.

그래서 이러한 인구 변화를 미리 읽고 대비하는 사람은 기회를 얻어 성공할 가능성이 커진다. 그만큼 저출산 고령화 문제는 청년들에게 리스크이자 기회인 것이다. 당장의 취업난으로 기성세대에게 빨리 물러나라고 촉구할 일이 아니다. 이것을 어떻게 활용하느냐는 본인들이 어떤 선택을 하느냐에 달려 있는 문제이다.

나는 학기 중에 인구구조 전망에 대한 통계청의 추계를 갖고 토론한다. 우리나라의 인구 피라미드는 과거의 피라미드형에서 저출산의 영향으로 아래쪽이 좁아지고 고령화의 진전으로 점점 가운데와 윗부분이 커지는 봉화 모형으로 바뀌고 있다. 베이비 붐 시대 이후에 강력한 가족계획이 시행된 결과 출산율이 떨어져 지금의 20세 전후 인구는 갑자기 줄어들게 된다. 청년 취업 문제도 5년 정도 지나면 적어도 공급 측면에서는 크게 완화될 소지가 있다.

그래서 나는 학생들에게 통계청의 인구 추계 모형을 한 장씩 복사해 주며 이것을 책상 앞에 붙여 놓고 수시로 들여다보고 연구하라고 권고한다. 사람마다 관심을 갖고 주목하는 부분이 다르고 거기에서 도출하는 시사점도 다를 것이다. 그래서 여러분 스스로 인구 변화에 대한 전망을 분석할 필요가 있다. 인구구조에 관한 전망은 돈이 되는 자산이고 자기 자신과 직접 관련된 문제인 것이다.

고령화 문제는 인구와 복지, 고용, 재정 정책의 주된 관심 대상이다. 그런데 투자 분석가들도 이 문제를 집중 분석하며 금융시장에 가져올 효과 등에 관심을 기울이고 있다. 2010년에 나온 《고령화 시대의 경제학》을 쓴 조지 매그너스는 미국과 영국에서 활동하는 투자금융 전문가이다. 2009년에 《인구 변화가 부의 지도를 바꾼다》라는 책을 쓴 홍춘욱도 증권투자 애널리스트이다. 증권, 보험, 자산 운용 회사의 관점에서 고령화와 퇴직, 퇴직 연금 등은 주요 연구 대상이다.

고령자의 급증은 고령자 관련 산업의 성장을 의미한다. 고령자와 관련된 금융 상품, 주거, 여가, 의료, 건강 유지 등 웰빙 산업, 노화 방지 관련 산업, 기타 고령자 보호 지원 서비스나 관련 용품 생산 등의 분야가 있다. 고령자들은 시각과 청각 등 감각 반응이 늦고 동작을 크게 하기 어려워 다른 연령 대와 다른 독특한 상품과 서비스를 필요로 한다. 글자가 크고 조작이 단순하며 기능을 간편하게 한 전자 제품도 인기 있다. 일본에서는 1980년대 후반부터 고령화 대책의 일환으로 '실버산업'에 관심을 갖고 이를 촉진하기 위해 정부 주도의 공익 법인으로 '실버서비스산업진흥회'를 만들어 여러 사업을 펼치고 있다.

우리는 일본 등 이미 고령사회로 진입한 선진국의 경험을 참고할 수 있는 이점이 있다. 주요 선진국들이 10~20년 전에 인구구조 변화에 따라 어떤 사회·문화적인 변화를 거쳤는지를 분석해 우리에게 다가올 변화를 예측하고 대비할 필요가 있다. 여러분이 고령화 문제를 잘 연구해 새로운 기회를 찾기 바란다.

피터 드러커는 다음 사회Next Society에서는 노령 인구가 급속히 증가하고 젊은 인구가 급속히 감소하며 이것이 엄청난 사회 변화를 초래할 것이라 전망한다. 그래서 "인구통계는 다음 사회에서 가장 중요한 요소"라고 지적한다. 그는 앞으로의 사회가 60세 이하와 60세 이상의 노동력으로 크게 분리될 것이며, 각각 일하는 방법, 수행하는 일의 성격, 일을 해야 할 필요성 등에서 차이가 날 것으로 본다. 젊은 노동력 집단은 평생직장에서 안정적인 소득을 얻는 전일제 근무를 선호할 것이고, 고령 노동력 집단은 전일제, 파트타임, 비정규직 등 여가 생활을 조화시킬 수 있는 유연한 근무 형태를 다양한 방법으로 선택하게 될 것이라고 전망했다.

다시 한번 인구 변화에 대한 전망과 분석이 청년 여러분에게 소중한 정보이고 자산이 될 것이라는 것을 강조한다. 우리는 지금 인구구조가 바뀌는 격변기에 있다. 여기에 관심을 가져야 한다.

맺는말

나는 내 아들, 또 내 아들 같은 청년들에게 진정으로 멘토링하는 마음으로 이 책을 시작했다. 내가 지금 이들의 나이라면 어떻게 할까라는 생각을 끊임없이 하면서 글을 썼다. 완전히 똑같은 입장에 서기는 어렵겠지만 그래도 여기에서 제시한 내 주장대로 할 것이라는 생각에는 변함이 없다. 충분히 잘해 낼 자신도 있다.

처음부터 일관되게 내가 주장한 것은 인생에서 성공하기 위해 가장 중요한 자질, 즉 경쟁력은 학력이나 학점, 어학 실력보다도 자기 일에 대한 열정과 자부심이라는 점이다. 이것은 내 오랜 소신이고 성공한 많은 사람들에게서 똑같은 메시지를 읽을 수 있었다. 그래서 더욱 강하게 내 생각을 여러분에게 강조하고 싶은 것이다.

나는 본래부터 남이 나에게 이런저런 일을 하라고 시키는 것을 싫어한다. 그래서 누가 하라고 말하기 전에 미리 알아서 하자는 주의이다. 누가 무슨 일을 하라고 다그치지 않으면 오히려 부담감이 생겨 스스로 알아서 하게 된다. 누구나 자기가 스스로 판단해 하는 일은 더 열심히 하는 경향이 있다. 이것이 주인 의식이다.

자부심이 있는 사람은 자기가 하는 일이 중요하다고 여기고 높은

226

가치를 부여한다. 그래서 자기 가치를 실현하는 자기의 일을 소중히 여긴다. 자기 조직과 자기 회사에 애정을 갖는다. 여기에서 충성심과 주인 의식이 나온다. 주인 의식이 있으면 강한 책임감과 열정을 갖는다. 열정과 자부심이 있어야 자기 일에 몰입하고 그 분야에서 최고가 되기 위해 노력한다. 즉, 자기가 하는 일이 매우 중요하고 가치 있다고 생각해야 열정과 자부심이 생기는 법이다. 그러다 보면 성공으로 이어진다.

이런 사람이 몇 명만 있어도 그 회사는 저절로 돌아간다. 열정은 열기가 있어 다른 사람에게 전파된다. 몇 명의 열정이 회사 전체로 확산될 수 있다. 주인 의식을 가진 몇 사람이 책임감을 갖고 열정적으로 일하면 안 되는 일이 없다. 엄청난 에너지를 발산할 수 있기 때문이다. 업무 관련 지식과 기술이 필요하면 어떤 방법을 강구해서라도 보완하게 된다. 그러나 주인 의식과 열정은 외부에서 수입이 안 된다. 그래서 다른 무엇보다도 열정과 자부심을 강조하는 것이다. 학력, 어학 실력이니 하는 것은 다음 문제이다.

커다란 꿈을 갖고 뜨거운 열정을 가진 사람은 꿈을 이루는 법이다.

어느 조직이나 '쓸 만한 사람'이 없어 인재난이라는 것을 지적했다. 그러니 우리는 쓸 만한 사람, 경쟁력 있는 인재가 되기 위해 노력해야 하는 것을 첫째 과제로 삼아야 한다.

회사가 큰가 작은가, 유명한 회사인가 아닌가가 중요한 것이 아니라, 거기에서 가장 쓸 만한 인재가 되어 그 회사를 키우는 사람이 되어야 한다. 그러면 성공한다.

나의 더 큰 고민은 여러분이 경쟁력을 키워 놓으면 어디에 가서 이를 발휘할 것인가에 있었다. 써 볼 데가 있어야 실력을 기르라고 할 게 아닌가? 그래서 나라면 어디에 가서 경쟁력을 발휘해 성공할 것인 지를 놓고 고민한 것이다.

내 생각은 PART 4에서 제시했듯이 제조업과 서비스업 및 중소기 업과 창업 분야이다. 국가의 고용정책 차원에서 본다면 서비스 산업 이 고용의 67% 이상을 차지하고 제조업은 17%밖에 되지 않는다. 당 연히 서비스 산업을 중심으로 고용정책을 논의하는 게 더 타당하다. 그러나 전체적인 고용의 규모를 중시하는 국가 정책의 관점과 개인 적 성공의 가능성, 성공의 질을 중시하는 관점은 다르다고 생각한다.

제조업이 사양 산업처럼 취급되고 있는데 어째서 제조업이 기회인 가라는 지적도 있을 것이다. 그러나 나는 융·복합의 시대에 핵심은 제조 기술이라고 생각한다. 제조 기술을 가지고 다른 분야와 융합하 면 새로운 사업 기회를 만들어 낼 수 있다. 그러면서 제조 기술이 융 합을 주도할 수 있다. 우리나라는 아직 제조업이 최고도로 성숙하지 도 못했다. 세계의 공장이고 시장이 되는 중국이 우리 옆에 위치해 오 히려 더 기회가 있다고 보는 것이다. 청년들 입장에서도 제조업을 중 심으로 생각해야 기업을 키우고 크게 성공할 수 있다.

서비스 산업에도 물론 새로운 기회가 많다. 음식, 관광, 레저 스포 츠, 오락, 유통 등 기존 유형의 서비스 산업에 많은 기회가 있다. 프로 의식의 서비스 정신으로 무장한 청년들이 서비스 산업에 참여하거나 창업해 종전과 다른 방법으로 최고 품질의 서비스를 제공한다면 성 공의 기회는 많다고 생각한다. 새로운 이야기도 아니다. 선례가 없는 (그래서 법체계가 마련되지 않은) 완전히 새로운 비즈니스에는 아직 제약

228

이 있겠지만 급속하게 여건이 개선되면서 기회가 넓어지고 있다.

중소기업은 기회의 영역이다. 청년들에게 권하겠다. 지금 비록 중소기업일지라도 유망한 기업이라면, 또 사람을 중시해 키워 주는 기업이라면 선택하는 데 망설이지 말자. 또 그 중소기업은 여러분이 그렇게 마음먹고 열정적으로 일하면 반드시 성장할 것이다. 한 사람의 영향력이 크게 발휘될 수 있는 곳도 중소기업이다. 그래서 기회가 있는 것이다.

아이디어와 기술만 있다면 1인 창업도 적극적으로 도전해 봐야 한다. 구글이나 페이스북도 1~2명이 시작해 초일류 기업이 됐다.

지식사회의 주인공이 되는 지식 근로자는 근로자이면서 동시에 자본가라고 피터 드러커는 일찍이 지적했다. 그들이 자본가가 될 수 있는 것은 기업 생산에 기여할 수 있는 고유의 지식과 기술을 갖추고 있기 때문이다. 즉, 자기 고유의 지식과 기술이 있다면 기업에 종속되는 근로자 신분에서 벗어나 자본가로서 그것을 토대로 수익을 얻을 수도 있는 것이다.

지식을 갖고 있는 한 그들은 자유롭게 옮겨 다닐 수도 있다. 핵심은 지식과 기술의 소유 여부이다. 그래서 우리는 자기의 무기인 지식과 기술을 계속 발전시켜야 한다. 지식으로 무장되어 있는 한 여러분은 고용 형태를 크게 걱정할 필요가 없을 것이다. 근로자이면서도 독립된 사업가가 될 수 있다면 여러분 스스로가 특정 회사에 무기한 계약으로 묶여 있는 것을 원하지 않을 것이다. 다시 강조하면 중요한 것은 현재의 고용 형태가 무엇인지, 중소기업인지 대기업인지의 여부가 아니라 우선 자기 자신의 경쟁력을 키워야 한다는 점이다.

지식사회에서의 학습 방법과 유형은 종전과 다를 것이다. 과거에는 학교를 졸업하면 다음부터는 공부에 그다지 신경 쓰지 않고 인간관계에 중점을 두며 성공의 사다리를 오를 수 있었다. 그러나 지식사회에서는 지식과 기술이 없으면 성공을 보장받을 수 없다. 지속적으로 학습해 지식을 발전시키는 것이 성공 전략이다. 경쟁력은 직장을 포함한 사회에서도 지속적으로 강화하려는 노력으로 키워진다. 성공의 사다리를 오르는 지점은 학교보다는 사회에 가깝다. 그러니 사회에서의 경쟁력 강화를 위한 노력은 매우 중요하다.

　마무리하기 전에 반드시 강조해야 할 것이 있다. 그것은 내가 경쟁력의 일환으로 가장 강조했던 소프트 스킬이 마치 인간관계를 잘 만들어 가는 수단 정도로 인식되어서는 안 된다는 점이다. 소프트 스킬이 인간관계에 기여하는 것은 당연하지만 그것만이 목적은 아니다. 오히려 소프트 스킬을 통해 지식사회 직업 생활에서 가장 중요한 '지식과 기술의 하드 스킬'을 계속 보완 발전시킬 수 있다는 게 더 중요하다고 생각한다.

　직장에서 자기 일에 열정과 자부심이 있어야 자기 지식과 기술의 발전에 대한 의욕이 생긴다. 열린 마음으로 적극적·긍정적으로 생각해야 자기 의견과 다른 새로운 지식과 기술을 받아들이며 발전할 수 있다. 리더십이나 커뮤니케이션 능력 없이 어떻게 사람들과 소통하고 새로운 지식을 교류하고 보완할 수 있을까? 핵심 파악 능력이나 프레젠테이션 능력이 없으면 자기의 생각을 논리적으로 정리하여 제시하고 다른 사람과 토론하면서 새로운 지식을 보충하고 발전시키는 데 어려움이 많을 것이다. 열정과 집념이 있어야 이런 일을 꾸준히 자발적으로 해낼 수 있다: 지식과 기술이라는 콘텐츠, 즉 하드 스킬을 보완하기 위해서 소프트 스킬은 중요하다.

현대그룹의 창립자 정주영 회장이 1991년에 썼던 자서전 《나의 삶 나의 이상: 시련은 있어도 실패는 없다》를 최근에 다시 읽어 봤다. 정주영 회장은 불굴의 도전 정신, 개척 정신을 가진 한국 최고의 창업가, 기업가이다. 그는 도저히 길이 없을 것 같은 난관에 처하더라도 부딪쳐 돌파해 나간다. 그는 무슨 일을 할 때에도 '된다는 확신 90%'와 '반드시 되게 할 수 있다는 자신감 10%' 외에는 안 될 수도 있다는 불안은 단 1%도 갖지 않는다는 것이다. 그래서 무無에서 시작해 조선, 자동차, 건설 등 한국 경제의 핵심적인 산업을 일으켰다. 정주영 회장은 말했다.

누구에게든 무엇이든 필요한 것은 모두 다 배워 내 것으로 만든다는 적극적인 생각, 진취적인 자세로 작은 경험을 확대해 큰 현실을 만들어 내는 것에 평생 주저해 본 일이 없을 뿐이다. 목표에 대한 신념이 투철하고 이에 상응한 노력만 쏟아부으면 누구라도 무슨 일이든 할 수 있다.

우리가 앞에서 논의했던 소프트 스킬의 핵심을 꿰뚫는 말이다.

경기도 수원에 있는 '박지성 거리'에는 그의 유명한 좌우명 '인내는 쓰나 열매는 달다'가 새겨진 현판이 있다. 평발에다 작고 상처투성이인 그의 발을 새긴 동판도 있다. 그의 발 조각에 사람들이 붙여준 이름은 '아름다운 발'이다. 이 평발과 작은 체격의 핸디캡을 극복하기 위해 그는 인내심을 가지고 남보다 더 뛰고 더 훈련한다. 그래서

'산소탱크'라는 별명을 얻는다. 그는 일찍부터 '상대를 이기는 것보다 나를 이겨야 한다'는 신조로 극도의 절제력과 인내심을 기른다. 그의 성공은 핸디캡을 딛고 오로지 노력으로 이루어낸 것이기에 더 값지고 팬들의 사랑을 받는다.

나는 30여 년이 넘게 노동부와 대학에서 겪어보고 느꼈던 경험을 토대로 이 책을 썼다. 실제로 많은 내용들이 내가 오랫동안 여러 곳에서 강연하거나 내 아들과 학생들에게 말했던 것들이다. 세월이 지나고 다시 생각해 봐도 여기에 제시한 나의 주장이 지금도 크게 달라지지 않는다고 생각한다. 나의 확신이라고 할 수 있을 것이다. 내가 준비하고 쓰고 싶은 이야기는 더 많았으나 청년들의 미래를 향한 멘토링이라는 관점에 초점을 맞추다 보니 포함하지 못한 부분이 많았다.

다시 한번 내 생각을 한마디로 정리하라면 프로 의식을 갖고 열정으로 실천하라는 것이다. 실천은 매일매일 한 발자국씩 나아가는 것이다. 매일 의식적으로 실천하다 보면 어느새 진정한 프로의 경지에 들어서 있는 자신을 발견하리라 믿는다.

주

1) 〈매일경제신문〉, 2011년 3월 28일~31일.

2) M. S. Rao, 《Soft Skills: Enhancing Employability, Connecting Campus with Corporate》, I.K.International Publishing House, New Dehli, 2010.

3) 〈스포츠조선〉, 2011년 6월 11일.

4) 〈매일경제신문〉, 2011년 4월 29일.

5) 피터 드러커, 《넥스트 소사이어티Next Society》, 이재규 옮김, 한국경제신문사, 2002.

6) 〈한국경제신문〉, 2011년 5월 19일.

7) 〈조선일보〉, 2008년 4월 26일~27일.

8) 〈매일경제신문〉, 2010년 10월 19일.

9) 도널드 트럼프·빌 쟁커, 《도널드 트럼프, 억만장자 마인드》, 김원호 옮김, 청림출판, 2008, p.30.

10) 이 이야기는 한비야의 책 《지도 밖으로 행군하라》에도 나와 있다.

11) 영국의 '성월요일' 관행에 대해서는 벤자민 프랭클린의 자서전 제5장에 상세히 묘사되어 있으며 이 부분이 많이 인용된다.

12) 찰스 오레일리·제프리 페퍼, 《숨겨진 힘: 사람》, 김병두 옮김, 김영사, 2002, p.29.

13) 데이비드 S. 랜즈, 《국가의 부와 빈곤》, 안진환·최소영 옮김, 한국경제신문사, 2009.

14) 오레일리·페퍼, 앞의 책 p.33에서 재인용.

15) Michael Prospero, "Moving the Cheese: Wegmans relies on smart, deeply trained employees to create a Theater of Food", www.fastcompany.com, Oct. 1, 2004.

16) 김성호, 《일본전산 이야기》, 쌤앤파커스, 2009.

17) 에르메스 토마 회장 인터뷰, 〈조선일보〉, 2011년 1월 24일.

18) 〈조선일보〉, 2010년 1월 9일~10일.

19) David Maister, 《True Professionalism: The Courage to Care About Your People, Your Clients, and Your Career》, Simon & Schster Adult, 2000.

20) 도널드 트럼프·빌 쟁커, 앞의 책, p.53.

21) 〈매일경제신문〉, 2011년 6월 15일.

22) 〈한국경제신문〉, 2010년 1월 25일.
    〈매일경제신문〉, 2010년 1월 25일.

23) 몽블랑 루츠 베이츠 회장 인터뷰, 〈조선일보〉, 2011년 2월 5일~6일.

24) 대표적인 미국의 전문가는 오하이오 주립대학의 Ronald Jacob 교수인데 우리 나라에 여러 번 와서 강연을 하고 대기업에 컨설팅도 하고 있으며 그의 저서 《체계적 현장 직무 교육훈련》이 번역되어 출판되었다.

25) 〈한국경제신문〉, 2011년 4월 22일.

26) 미국의 저널리스트 Eamonn Fingleton은 1999년에 《In Praise of Hard Industries: Why Manufacturing, Not the Information Economy is the Key to Future Prosperity》라는 책을 내어 미국에서 제조업의 주요성을 다시 강조 한 바 있다.

27) 조준모, "산업 융복합화시대 고용전략의 방향", TLM포럼 발표자료, 2010.12.24.

28) 〈조선일보〉, 2011년. 2월. 27일.

29) 정후식, "일본제조업 경쟁력의 원천과 시사점", 한은 조사연구 2009-2.

30) 〈매일경제신문〉, 2011년 6월 29일.

31) 전창훈, 《2020 대한만국, 제조업에 길을 묻다》, 늘봄, 2010.

32) 〈HR Insight〉, 2011년 2월 호.

33) www.storysearch.co.kr에도 같은 내용이 수록되어 있다.

34) 〈매일경제신문〉, 2010년 12월 24일.

35) 피터 슈라이어가 전경련 부설 국제경영원 2010 제주 하계 포럼에서 한 강연, 〈HR Insight〉, 2010년 12월 호.

36) 〈조선일보〉, 2010년 12월 22일.

37) '광주요'에서 제작한 나파밸리 행사 팸플릿.

38) 〈한국경제신문〉, 2010년 2월 1일.

39) 〈한국경제신문〉, 2009년 8월 3일.

40) 〈매일경제신문〉, 2010년 2월 4일.

41) http://km3821.blog.me/150082327562, 2010.3.9.

42) 〈중앙일보〉, 2011년 4월 11일.

43) 칼 슈람 카우프만재단 이사장 인터뷰 기사, 〈매일경제신문〉, 2011년 3월 11일.

44) 도나 캘리 교수의 인터뷰 기사, 〈매일경제신문〉, 2010년 10월 19일.

45) 〈조선일보〉, 2010년 12월 20일.

KI신서 3643

이기는 청춘

1판 1쇄 인쇄 2011년 10월 25일
1판 1쇄 발행 2011년 10월 31일

지은이 정병석 **펴낸이** 김영곤 **펴낸곳** (주)북이십일 21세기북스
출판콘텐츠사업부문장 정성진 **출판개발본부장** 김성수 **국내개발팀장** 정지은
기획편집 박혜란 **해외기획** 김준수 조민정 **디자인** 네오북
영업마케팅본부장 최창규 **마케팅** 김현섭 김현유 강서영 **영업** 이경희 박민형 정병철
출판등록 2000년 5월 6일 제10-1965호
주소 (우 413-756) 경기도 파주시 문발동 파주출판문화정보산업단지 518-3
대표전화 031-955-2100 **팩스** 031-955-2151 **이메일** book21@book21.co.kr
홈페이지 www.book21.com
21세기북스 ·**트위터** @21cbook ·**블로그** b.book21.com
ⓒ정병석, 2011

ISBN 978-89-509-3399-9 03320
책값은 뒤표지에 있습니다.